で決闘した日本人

ション

菅野瑞治也
Sugano Michinari

学生結社ニーア・レノ・ニカーリア
飾りリボンの留め金具部分

Für K. und M.

目次

第二章　決闘の掟

第三章　学生結社の日常 —— 129

Otto von der Wehl

図1　メンズーア（決闘）

驚くべきことに、
ドイツでは今日でもなお、
刃渡り約九〇センチの切れ味鋭い真剣を用いた
「決闘」が一部の学生の間でごく普通に行われている。

プロローグ

一九八二年六月二十六日、ドイツのハイデルベルク。

「なぜ、再びここにいるのだろう？」

と、右手に真剣を握りしめながら、私は思った。昨日の夜は緊張のせいで、結局ほとんど一睡もできなかった。これが夢だったら……と何度心の中で呟《つぶや》いたことか。今度の相手は身長二メートル近いドイツ人の大男だ。これは私にとっての二度目の決闘であったが、極度の緊張感と非日常的な重圧感の中で、半年前に経験した一度目の決闘の場面を思わず回想していた。

その時に指定されていた会場は、今日と同じような古びた城の地下にあるかなり広いホールで、女人禁制であった。女性と十八歳以下の男性の入場は伝統的に固く禁じられている。また、日本とは違い、欧米ではレストランをはじめいろいろな建物の中に犬を連れ込んでもいい場合が多いが、この決闘の会場には、犬も入場してはならない。文字どおり、完全に外から遮断された男だけの世界なのだ。ほとんどがネクタイとスーツ姿で正装をした二〇〇人ほどの見物人の男たちの中には、学生以外にも白髪の老人や中年の男たちも大勢いた。

昔、中学生の時に、体育の授業の一環で、国体競技用のプールを訪れた時、飛び込み台の一番高いところに立って、何度か眼下にある水面めがけて飛び込もうと試みたが、言いようのない恐怖心に襲われて、結局、飛び込めなかったことを一瞬思い出した。しかし、その時の表現のしようのない緊張感と恐怖心は、プールで抱いたそれの何十倍にも感じられた。次元が違っていた！

今日も同じだ。会場は、地下室に特有のあのどことなくかび臭い、よどんだ空気に包まれていたが、今から始まる決闘を前にした男たちの興奮気味の声で、かなりざわめいていた。彼らの口ぐちにささやき合っている言葉が、私の耳の中に嫌でも入ってくる。

「あれが日本からきたサムライだ！」

「身長差がありすぎるな」

「とにかく、かなりの血が流れることになるだろうな」

普段はあまり聞き取れないドイツ語が、こんな時に限ってはっきり理解できるとは、つくづく厄介な性格だ。

とはいえ現実に、私の目の前には、首から下を頑丈そうな防具で固めた見知らぬドイツの若者が仁王立ちになっている。当然私も彼と同じような格好をしている。信じたくはないが、今からあと数分で、この大男と決闘をしなければならないのだ。あとで何と言われようと、できるものなら、この場から逃げ出したい！　なぜ、二度も決闘をしなければならないのだ。

　親友のアレクサンダーが小走りでやってきて、

「すぐ終わるさ。後でおいしいビールを飲もう！」

と耳元でささやいてくれた。私の極度の緊張を少しでもほぐそうとしてくれたのだ。


　ここでの決闘のやり方は変わっている。刃渡り八八センチ、柄《つか》（握り）の部分が一五センチもある鋭利な真剣を用いて、顔と頭を正面から斬りつけるのである。日本の剣道は両手で竹刀《しない》を握るが、ここでは、片手で、右利きなら右手だけで、左利きなら左手だけで剣を持って戦う。フェンシングとは異なり、「突き」は致命傷を与えるので、禁じられている。また、決闘する両者の間には、胸のところで水平に測った剣の長さの分、つまり、約一メートルの距離しかない。

　そして、特徴的なことは、例えば、剣道やボクシングのように動きまわったり、敵の攻撃をかわすために、上体と頭を前後左右に動かしたりすることが一切許されていないという点である。両者はこの僅《わず》かな距離で直立して向かい合ったままで斬り合い、恐怖心のあまり一センチでも足を前後左右へ動かしたり、後ずさりしたり、また顔をのけぞらしたり、動かしたりすれば、「臆病《おくびょう》で卑怯《ひきょう》な態度をとること」〈ドイツ語でムッケン〈Mucken〉という〉とみなされ、その者は即刻失格となる。つまり、身体の中で動かすことが許されている部分は、剣を手にしている片腕だけであり、相手の攻撃を防御するのは自分の剣のみなのだ。

決闘者の一方（あるいは双方）が斬られ、その場に待機する決闘専門医からドクター・ストップがかかり、決闘を続行することが不可能であると判断された場合、「ムッケン」（Mucken）さえなければ、その決闘は有効なものとして成立する。つまり、スポーツのように勝敗を決することが目的ではなく、剣という鋭利な刃物で斬られるという恐怖心と不安を克服し、男らしく正々堂々と戦い抜いたかどうかが問われるのだ。決闘はラウンド制である。すごいスピードで交互に剣を打ち合うので、通常一ラウンドはほんの六〜七秒だが、二五〜三〇ラウンド戦わなければならない。

こんな至近距離では斬られない方がむしろおかしいのだ。昨日の夜、「なぁーに、前と同じだ。目をつぶって剣を振りまわせばいいのさ！」と誰かが言っていた。勇気が枯渇し本当にそういう気分になってくる。一度目の決闘の時に味わったのとまったく同じような、言いようのない、あの独特の恐怖感が襲ってくる。これからいよいよ始まる。そうこうするうちに身長合わせのため前に出るように言われた。互いに歩み寄り、くるりと向きを変え、相手と自分の背中を合わせた。身長一七五センチの私と相手との間には二〇センチ程も差があったので、私は高さ二〇センチくらいの板の上にのって戦うことになった。ものすごく惨めだ！「両者の間に三センチ以上の身長差がある場合、結社からの申し入れがあれば、適当な台などを用い両者の身長を調整しなければならない」という決闘規定があるからだ。しかし、高さが同じになっても、リーチ（腕の長さ）の違いはどうすることもできない。

双方はいったん離れて椅子に腰かけ、目を保護するために、レンズの部分が針金格子になっている鋼鉄製の奇妙なメガネをつける。決闘の最中に絶対にずり落ちないように、仲間が二人がかりで力の限り、ぎゅっ、ぎゅっ、と何度もメガネの紐《ひも》を強く締めつける。こめかみがつぶれそうなくらい痛む。目の前の相手以外、周囲がほとんど見えなくなった。

この決闘のすべてを統括する中立の立場の一人の立会人が、軍人のようにきびきびした口調のドイツ語で、これから決闘を始める旨を会場につめかけた見物人に宣言した。

「ご静粛にお願いします！　それでは、これから決闘を始めますので、会場の窓とドアを閉めてください！　喫煙も話もやめてください！」

　それまでざわついていた会場は、急に水を打ったようにシーンと静まり返った。いよいよ始まるのだ！

　立会人の他に、決闘者双方に一人ずつセコンドがつき、各ラウンド終了時に身体ごと戦っている両者の間に割って入り、打ち合いをやめさせるので、彼らもまた、決闘者同様に全身を頑丈な防具で包み、なおかつ鉄製のヘルメットをかぶっている。また、このセコンド以外に双方ともに一人ずつの「テスタント」と呼ばれる介添え係がつき、彼らは一ラウンドごとに、アルコールを染み込ませた綿で剣の刃を消毒し、同時に剣の状態をチェックする。ラウンドとラウンドの間の休憩時間は約一五秒程しかないが、この間に介添え係はまた、味方の決闘者の手首をぐるぐるまわしてマッサージする。いつ見てもなんとも奇妙な光景だ。

　木製の板の上に立った私には、もう周囲のざわめきも聞こえないし、相手以外は何も目に入らなくなっていた。戦慄とはまさにこのことで、気がつくと恐怖のあまり私の足の震えで木の板がカタカタと音をたて始め、それがホール中に響き渡っていた。恥ずかしい……惨めだ。が、もう逃げられない……。その時、ふと目の前にいる相手の足が私の目にとまり、そしてはっきりとわかった。その大柄なドイツの若者の足もガタガタ震えていることが。自分だけでなく、彼もまた、言い知れぬ耐えがたい恐怖感と戦っているのだ。彼と自己の共通の感情を理解した瞬間、私の足の震えは不思議なことにピタッと止まった。

いよいよ始まる。一度すでに経験しているにもかかわらず、心には何のゆとりもない。頭の中は依然として真っ白だ。会場は完全な静寂に包まれている。斬られないように左手を身体の背後にまわし、右手に持った剣を斜め前に高く上げた。もう何も考えられない。ついにその時が来たのだ。私のセコンドが大声で叫んだ。

「Auf Mensur（剣を構えて……）、fertig（用意……）、los！（始め！）」

私は無我夢中で剣を振りまわした。相手も必死だ。ヒュンヒュンヒュン……カンカンカン……この間のほんの数秒が三〇秒ぐらいに思えた。「Halt！（やめ！）」とセコンドが叫びながら、身体ごと中に割って入り決闘を中断させた。「やった、斬られずにすんだ！」。一ラウンドは終わった。介添え係が剣をアルコールで消毒し、剣を持ったままの私の右手首をぐるぐるまわしてほぐしながら、

「相手は弱気になっている。がんばれ、その調子だ！」

と言って励ましてくれた。

ラウンドを重ねるごとにお互いの剣の動きが素早くなっていった。四ラウンド目に、相手の決闘者が決闘規定に反した打ち方をしたとして、私のセコンドが立会人に抗議したが聞き入れられなかった。そのうち日ごろの練習不足がたたり、ラウンドを追うごとに剣を持つ私の右腕の動きに切れがなくなっていった。七ラウンド以降、今度は相手方のセコンドが、私の打ち方が消極的であると立会人に度々抗議するが、これもその都度却下された。

一三ラウンド目、ガードが下がった私の剣を押し戻すかのように相手の剣がついに私の左頬《ほお》と左耳に命中。生まれて初めて味わう痛みが走った。これが刃物で斬られる感覚か……中世の騎士や日本の侍も斬られた瞬間、きっと今の私と同じような思いに襲われたのだろう。このままショック死してもおかしくない恐怖感だ。それまで静寂を保っていた見物人がざわめき始めた。自分の頬から生温かい血がタラタラ流れ出しているのははっきりわかるが、鋼鉄製の分厚いメガネをつけているので、傷の具合までは自分では皆目わからない。どれほどの深さなのか。恐怖のあまり痛みさえ痛みとして認識できない。頬に傷口がぱっくり開いていてもおかしくない。左耳も半分切れて、どこかに飛んでいったような感覚だ。自分で見られない分よけいに不安になる。医者が傷の様子を見に近づいてくる。その間も、左腕をつたってポトポトと血が床に落ちているのがわかった。

この種の決闘には最低一人の決闘専門医をその場に置くことが規定で定められている。私は瞬間、本当に情けない話だが、ここでドクター・ストップがかかるように心の中で祈った。私の傷口を診たその医者は冷徹に一言こう言った。

「Weiter！（続行！）」

相手の剣の刃が、私の頬のもう数センチ下の柔らかい部分に当たっていたら、傷口がぱっくり開き、もっと大量の血が噴き出して、決闘は即刻中止になっていたであろうが、相手の剣の刃は、実際のところ私の頬骨の部分で止まったので、医者は問題なしと判断したのだろう。気がつくと、左耳からの出血もおさまっていた。

腕が下がると頭が危ないということは十分承知していたが、疲れが徐々にたまってきて、私の腕は知らず知らずのうちに下がってきていた。介添え係が休憩時間ごとに何回もそのことを指摘してくれたし、自分自身でもわかっていたが、もう右腕は鉛のように重たい。そして一五ラウンド目、私の腕が下がってきているのに気づいていた相手の剣がついに私の頭のど真ん中に入った。

「うっ！」

きりで頭蓋骨《ずがいこつ》に穴をあけられたような感覚が走った。一瞬の空白。頭は真っ白。

「終わった。なにもかも！」

言いようのない虚脱感を感じながら、身体全体から力が抜けていく。それまで必死に握っていた剣を思わず床に落としてしまった。私の傍らにいたセコンドが「やめ！」と叫びながら、相手と私の間に身体ごと割って入った。脳天のおそらく一〇センチはありそうな傷口から、両頬、両耳、首筋をつたって床にポタポタ落ちる生温かい血。分厚い鋼鉄製のメガネのせいで、自分自身の目で確かめることはできないが、そんな光景には見慣れているはずの見物人たちのざわめきから察して、さぞかし自分は悲惨でむごたらしい姿を曝《さら》しているのだろう。

誰の目から見ても、即ドクター・ストップになることはあきらかだった。それまでその場を絶えず包み込んでいた独特の重苦しさが、たちまちのうちに消え去っていくのがはっきりとわかった。案の定、医者が私の方に走り寄ってきて、傷の深さを確認し、決闘の続行が不可能であることを宣告した。

私のセコンドは、立会人に向かってこう告げた。

「我々は、刀傷を負った味方の負傷者をこの決闘場から連れ去ります。決闘の立会いに感謝いたします！」

立会人の決闘終了を告げる冷静な声が会場のざわめきでかき消された。

即座に私は控え室に連れていかれ、椅子に座らされた。例の決闘専門医が傷口を消毒し、まず左頬の七センチ程の刀傷を縫い始めた。しかし、なんと、麻酔を一切使わないのがここでのしきたりである。信じられない！「な〜に、だいじょうぶだ」と彼は言いながら、手際よく縫っていくが、予想どおり目の玉が飛び出るほどの痛さだ。斬られた直後は不思議と痛みは感じなかったのだが。

「うっ、うっ」

と何度もうめきながら、痛みに耐えている私を、仲間たちが無言のうちに見守っている。その時、誰かが私の左手をぎゅっと握りしめてきた。私はふっと顔を上げて驚いた。私の手を優しく、そして力強く握りしめている男は、何とあのシューベルトではないか！彼こそは私の一度目の決闘相手だったのだ。しかも、私の所属する団体とは宿敵の関係にある学生団体の会員である。その彼が、私の手をずっと握りながら、

「ミッチー（＝私）！よくがんばったな！勇敢だったぞ！」

と言ってくれた瞬間、私の目からどっと涙が溢《あふ》れ出た。

ドイツ国内には、このような決闘を行う学生団体＝学生結社（Studentenverbindung）が約四〇〇ある。私が所属し、今でもOB会員として名を連ねている学生結社「コーア・レノ・ニカーリア」（Corps Rheno-Nicaria）もドイツのマンハイムにあるそのような学生団体の一つであるが、結社の会員たちは仲間内で決闘をすることは決してなく、各結社を代表したもの同士が剣を交えるのである。

周囲に立っている私の仲間たちもシューベルトに続いて、

「彼の言うとおりだ。お前は本当に勇敢に戦った。俺たちの誇りだ。胸を張って日本に帰れるぞ！」

と叫んだ。医者は今度は頭の傷を縫っているようだったが、麻酔なしの痛みはもうどこかに吹き飛んでしまった。シューベルトと「コーア・レノ・ニカーリア」の仲間たちの優しい言葉に、そして斬られた悔しさと、やがて留学を終えて日本に帰らねばならないという寂しさに、涙はますます止まらなくなり、私はただ嗚咽《おえつ》を漏らすだけであった。どんなことがあっても人前で涙だけは流さないでおこうと思っていたが、もうどうしようもなかった。みっともないので、嗚咽を止めようとするが、そうすればするほど、それはますます激しくなっていった。

私たちは、ハイデルベルクのその決闘場を後にし、マンハイムにある自分たちの結社ハウスに戻った。ドイツ国内の大学町にいくつか存在する学生結社は、それぞれに固有の立派な結社ハウスを持っている。この結社ハウスには、一階に中央集会室、居間、バー、小会議室、大きめのベランダ、二階にはそこに住み込んでいる会員たち（無論、全員学生）の部屋と談話室、三階にゲストルームがあった。そして地下には台所、貯蔵室、決闘練習場、剣の保管室があったし、今でもそうである。私の行ったこの日の決闘は、顔と頭を相手に斬られたものの、「ムッケン」が一切なかったので、結社を代表するに十分値するものであった。しかし、決闘のあとに行われる恒例の宴会は、この日に限って妙に静まり返っていた。普段は浴びるほど飲む連中もこの日ばかりはビールをちびりちびりと口にするだけであった。会話も盛り上がらない。傷口を合計何十針も縫った私は、もちろん、一滴もアルコールを口にしてはならない。飲めば血行が良くなりすぎて、傷口が開いてしまうからだ。仲間たちは皆、私の気持ちを察しているのだ。

私はその二年前の八月から、文部省（現文部科学省）国際交流基金の派遣留学生として、マンハイムに留学していたが、もろもろの事情により、あと一か月で日本に帰らなければならなかった。今回の決闘を前に結社の仲間の一部には、ミッチーは決闘をすでに一度立派にやり遂げているのだから、特例として免除し、そのまま帰国させてはどうかという意見もあった。しかし、「コーア・レノ・ニカーリア」の正式な会議における最終的結論は、たとえ帰国直前であろうと、今までどおり正会員の一人として、ミッチーを特別扱いしないというものであった。「二度目の決闘は一度目のそれよりはるかに熾烈《しれつ》なものになるだろうが、それを果たすことで、彼は決闘の本質的な何かをはじめて知ることになる、その方が彼のためになる……」という理由からであった。

一九八二年、留学を終えて日本へ帰国する日。ドイツのマンハイムの中央駅。ウィークデイの午後にもかかわらず、四〇人近い仲間たちが、私を見送るために、縦二メートル横三メートル程もある結社の大旗をなびかせながら、駅のホームに集まってくれた。私は、妻と二人っきりで、静かにマンハイムを後にするつもりで、誰にも帰国の日は知らせていなかったのだが、なぜか皆わかっていたのだ。

仲間たちと別れを惜しんでいると、会長のルーディーが最後に近づいてきて、静かな口調で言った。

「また、いつでも来いよ。我が結社の兄弟、ミッチー！　俺たちの兄弟の絆《きずな》は永遠だぞ！　これを持っていけ。また、会おう！」

彼から手渡されたのは、結社ハウスの玄関の鍵と、なんと決闘に用いた剣であった。鍵は、いつでも俺たちのところへ来いというメッセージ、そして、剣は、ともに結社のために戦った永遠の兄弟の証《あか》しであった。

第一章　ドイツの決闘

一　学生の決闘「メンズーア」とは

明治から昭和初期の教育家下田次郎《しもだじろう》博士は、その著『運動競技と國民性』（一九二二年、右文館発行）の中で、博士自らがドイツで見た学生の剣闘について次のように報告している。

……メンズールの對手は Paukant（剣闘者）といつて、或間隔を置いて直立し、その位置から一歩も前後することは出來ず、左手は背後に廻はし、右手を高く上げて、頭の上で剣を振ふので、腕と共に打ち下ろすことはしない。剣 Schläger は凡一メートル位の長さで、細身で尖の所數寸が切れるやうになつてゐる。……闘士は首には厚く布を捲いて、動脈を保護し、眼と、眼から耳の間を眼鏡様のものを懸けて保護してゐる。パウカントの左側に介添 Sekundant が頭や首を保護して、やはり剣を以て控へて居り正面には審判者 Unparteiischer（局外者の意）が居る。……審判者が「始め」los！といふを切つかけに、對手が剣を振り廻し、殆んど無宙になつてカチヤカチヤやる。その中に一方が何時切られたか、顔にタラ〳〵血が流れる……すると介添が横合から、二人の間に斜に剣を突き出して試合を止めるのである。この時介添が怪我をすることもある。實際切るか切られるかの際は、口で中止と言つた位では、遣る者の耳に入らぬことがあるものと見える。それで介添が剣を横合から入れるのである。こゝらがお面、お小手をつけて、竹刀で撃剣するのとは氣の入れ方が違ふので、眞剣勝負はまた別な所がある。剣闘中對手同士は無言である。切られても何とも言はない。……傷によつては隨分出血が夥しく、白いシヤツを傳つて床にポト〳〵落ちることもある。それでも大概泰然自若として居る。……

下田博士がここで言っている「メンズール」（Mensur）とは、ドイツに古くから伝わる学生間の鋭く切れる「真剣」を用いた伝統的な決闘のことであり、ここに引用した博士の報告とまったく同じやり方で、今日でも一部の学生同士の間で行われている。「決闘」というと、背中合わせになり、お互いに何メートルか歩いた後、振り向きざまにズドーンというピストルによる決闘をまず思い浮かべる方が多いと思う。

しかし、プロローグでも述べたように、「メンズーア」＝Mensur（以下ではメンズーアとする）では、決闘を開始する前にあらかじめ決闘を行う両者が互いの胸の部分に剣をあて、その剣の長さの分（約一メートル）だけの距離を保って向かい合って立つ。つまり、決闘者はフェンシングや剣道のように動きまわってはならず、下半身を微動だにせず、相手と対峙《たいじ》するのだ。

これだけでも精神的にかなりきついのだが、それどころか、素早い動きで斬り込まれてくる相手の剣をかわすために顔や頭あるいは上体を少しでも動かせば、なんと即刻失格となる。言い換えれば、自由に動かすことができる身体の部分は、剣を持つ右腕と右手（サウスポーならその逆）だけということになる。つまり、防具をつけたこの片腕と剣だけで攻撃と防御の両方を行う。しかも、少しでも後ずさりしてはならず、それどころか、足は一センチたりとも前後左右に動かしてはならないのだ。

剣をできる限り頭の上方に保ち、ガードが下がらないように手首を柔らかく回転させて剣を素早く動かして、「斬り合う」、あるいは「叩《たた》き合う」という特殊な剣術スタイルである。相手に致命傷を与えかねない「突き」は今日では禁じられているが、至近距離で切れ味鋭い相手の真剣が、ビュンビュン音を立てて自分の顔と頭を目がけて斬り込まれてくるのである。逃げることも動きまわることも一切許されず、相手の剣をかわすのは、自分が持つ剣のみ。目をつぶって想像していただきたい！　追い詰められたこの極限状態を！

いつ斬られてもおかしくないこのような状況で、皆さんは沈着冷静でいられるだろうか。空手や柔道、あるいは剣道などの試合の直前に競技者が抱く独特の緊張感と昂《たか》ぶりとは比較にならない異様な恐怖感が襲ってくる。どの決闘者の足も例外なく震えてしまう。プロローグで告

図2　1900年ごろのメンズーア。中央の人物が立会人

白したように、私自身もその例外ではなかった。刃物を持った相手が目の前にいて、その刃物を猛烈な速さで何度も斬り込んでくるのだ。

元来、Mensur《メンズーア》の語源はラテン語のmensuraであり、「一定の距離を測る」という意味で、Mensurとは、決闘者同士の間に一定の定められた距離をあけ、定められた諸規定に従って行う決闘のことを指すのである。したがって、下田博士が今から一〇〇年近く前に見たこのメンズーアは、我々が想像する一般的な「決闘」とはまったく異なるものと言えよう。図1と図2をご覧になれば少しは想像していただけると思う。

危険極まりないこの種の決闘は、驚くべきことに、今日でもドイツやオーストリアをはじめ、スイス、ベルギー、バルト三国の一部で日常的に行われている。十八世紀ごろまでの決闘（メンズーア）では防具をつけなかったため命を落とす者が後を絶たなかったが、現在では、決闘者は、頸動脈《けいどうみゃく》を守るため首に金属入りの襟巻を巻き付け、上半身には長めの胴着をつけ、また顔には鉄製のメガネを装着しているので、この決闘で命を落とすことはもはやない。このように、防具でほぼ全身を保護しているため、斬られるとしても頭と顔に限られている。三五ページの図2のように細身の剣を用い、打ち下ろすことはしないので、致命傷を受けることはない。しかし、鋭利な刃物で自分の身体の一部が斬られるという恐怖心がどれほどのものであるか、こればかりは皆さんの想像を絶するものである、としか言いようがない。

詳細は第二章で記すが、メンズーアは、定められたいくつものルールに従って行われ、また、この決闘に備えて、十分な練習を行い、肉体を鍛錬し、集中力を高めるという点においては、「スポーツ」と呼ぶこともできるのかもしれない。しかし、メンズーアには、「より速く、より強く、より高く」ということを追求する、また「記録への挑戦」を絶えず掲げる一般的な競技スポーツとは決定的に異なる点がある。それは、殺傷能力のある「真剣」を用いるということと、もう一つは、メンズーアには勝ち負けがない、つまり勝者も敗者もないということである。メンズーアは、男としての真価を試される一種独特の厳しい試練であり、ヨーロッパに伝統的な騎士道精神に基づいた勇気と精神の強さを証明するための一つの通過儀礼・儀式なのだ。

真剣の鋭利な刃で相手に斬られるという極度の恐怖心から、思わず本能的に顔や頭をそむけたり、後ずさりしたりする者も少なからずいる。プロローグで述べたように、これらの勇気のない行為や卑怯な態度をドイツ語の専門用語で「ムッケン」(Mucken) といい、これを行ったものは、即刻退場させられる。たとえ相手に斬られてドクター・ストップがかかっても、この「ムッケン」さえなければ、その決闘者は勇気ある男として皆に称《たた》えられるし、その決闘もそれ自体有効なものとして認められる。つまり、我々は、一人の若者を「男の中の男」に仕立てあげるために最も効果的な一つの伝統的な教育手段として、このメンズーアを捉えなければならないのである。決闘＝メンズーアというこの慣習が、途絶えることなく、ドイツ語圏で何百年と守られ、伝えられてきた理由もこの点にあるのだ。

二 顔と頭の刀傷＝シュミス

これもにわかに信じがたいことなのだが、プロローグにあるとおり、メンズーアの場合、その場に居合わせた決闘専門医が斬られた決闘者の刀傷をただちにその場で、しかも何と麻酔なし!! で縫合することが習慣になっている。この刀傷は、決して相手に怯《ひる》むことなく戦った勇者の証しであり、一種の男の勲章なのである。したがって、決闘専門医は当該者の顔の刀傷をわざと鮮やかに残すように縫合する。この決闘による顔や頭の刀傷をドイツ語の専門用語で、「シュミス」（Schmiß）という。

ドイツ語圏では、社会の一線で活躍する政治家や企業経営者、医者、弁護士、教員、公務員、会社員など、職業を問わず、頬や顎のあたりに見事な刀傷のある男性とたまに出くわす。彼らのうちのほとんどは、学生時代にこのメンズーアを行い、顔にこの「シュミス」を残している者たちなのである。現代の形成外科の技術をもってすれば、このような直線的な傷痕は、手術によってほとんど跡形もなくなるであろうが、そのような手術を受けようとする者は誰もいないに違いない。

少しだけ歴史に触れておこう。そもそも、ヨーロッパでは中世の終わり（一五〇〇年ごろ）に至るまで剣の携行を許されたのは、騎士や貴族などごく一部の階級の者たちに限られていた。ドイツ語圏でも一般の学生に剣の携行が許されるようになるのは、十六世紀になってからのことであるが、それ以降、学生たちは、独自の決闘（メンズーア）文化を作り上げていくことになる。いずれにせよ、どの時代にあっても、剣の刃にしりごみすることはドイツ語圏の若者たちにとって最大の屈辱であったので、実に夥《おびただ》しい数の決闘が学生間で行われた。

例えば、一八一五年、一六人の最強軍団からなるある学生結社は、四週間の間に二〇〇回の決闘を行ったという記録が残されているし、同じ年、ある大学で三五〇人の学生たちが一週間で一四七回の決闘を行ったと言われている。ハイデルベルクでは、一八二〇年より以前にすでに決闘専門医なるものが存在していたが、ある決闘専門医は、ハイデルベルクのある学生団体において、二四年間に実に二万回（平均して一年に八〇〇回）のメンズーアに立ち会ったという記録もある。

一九三〇年代までは、驚くべきことに、この刀傷＝「シュミス」は、それを顔に負った人間がドイツ語圏で大学教育を受けたというエリートの誇り高き証しであり、追い詰められた状況にしりごみすることのない、恐れを知らない、勇敢な人間であることの象徴であった。そのため多くの若者たちが男子大学生の勲章であるこの「シュミス」に憧れ、中には、傷口に塩をすりこんだりして、わざとその刀傷を目立たせようとしたり、決闘の経験がないにもかかわらず、外科医を訪ね、人工的に刀傷の痕をつけてもらったりする者までいたという。

私の知り合いのある学生結社の会員は、フェンシングのドイツ代表候補にも選ばれたこともある、卓越した反射神経と運動神経の持ち主であった。彼は二度決闘をしたが、運よく（彼にしたら運悪く）、顔にも頭にも刀傷を負わなかったので、「男の勲章」であるこの刀傷「シュミ

図3　メンズーアのシュミス（刀傷）

ス」は彼にとっても憧れであった。何を思いたったか、彼は顔見知りの決闘専門医を訪ね、局部麻酔を用いて左頬に見事な「シュミス」を人工的に作ってくれるよう、その医者に頼み込んだが、残念ながら彼のこの申し入れは聞き入れられることはなかった。「運よく」、三度目の決闘で彼は念願の「シュミス」を左頬にもらったが、わざとその刀傷を負ったのかどうかは、いまだに謎に包まれたままである。

もちろん、プロローグでの決闘の結果、私にも頭に二か所、顔（頬）に一か所この刀傷「シュミス」が残っている。

三　学生結社とは

私は、留学する前はもちろんのこと、ドイツのマンハイムという町に暮らし始めた後も、学生結社なるものの存在をまったく知らなかった。その私が日本人として、ドイツの学生結社に入会することになった経緯は、第二章の冒頭で詳しく述べてある。ここでは、ごく簡単に学生結社のルーツについて触れておきたい。

中世から近代にかけての時代は、ヨーロッパであれアジアであれ、ある町で生まれた人が生涯その町から一歩も出ることなく一生を終えていくことは決して珍しいことではなく、小国が乱立していたドイツにおいてはなおさらのこと、彼らの郷土愛は、現代人には想像できない程強いものであったであろう。学生の数自体も少なく、やがて、異郷で学ぶ同じエリア出身の学生たちが意気投合し、お互いを助け合う仲良しグループを形成していったとしても何ら不思議ではない。そのようなグループがさらに発展をとげ、十六世紀に入り、特にドイツ語圏において、「学生同郷人会」（Landsmannschaft）と呼ばれる組織的な学生団体が各大学町で形成されていく。

やがて、この学生同郷人会から、同郷人会的郷土愛を超えた、それぞれに共通の思想や世界観に基づいたいくつかのタイプの学生団体が枝分かれしていき、夥しい数の「学生結社」（Studentenverbindung / Studentenkorporation）と呼ばれる団体がドイツ語圏で出現するに至った。

その地域その地域の同郷人のみを会員として獲得するという、それまでの伝統的な「学生同郷人会」の古臭い考え方から脱却し、近代的な学生結社として最初の一歩を踏み出したのは、「コーア」(Corps)と呼ばれる学生結社であった。彼らは、リベラルな理念とコスモポリタニズム(=民族とか国家という考え方を超越して、世界を一つの共同体とみなし、すべての人間が平等な立場でこれに所属するものであるという、言わば、人類は皆兄弟的な思想)という理想を掲げ、十八世紀末にはすでに最初のコーアが創設されている。一方、「ブルシェンシャフト」は、祖国の統一、自由、そして愛国主義を唱え、一八一五年に創設されたが、一八四八年を境にして、創設時の政治的革新性を急速に失っていく近現代のブルシェンシャフトと厳密に区別するため、この創設期のものを「原ブルシェンシャフト」と呼ぶ。そして、十九世紀以降のドイツの学生結社の歴史は、この二つの学生結社、即《すなわ》ち、コーアとブルシェンシャフトを中心に展開していくのである。学生結社は今日でもドイツとオーストリアを中心に、スイス、バルト三国などにも存在し、ヨーロッパ全体では、約二〇〇〇団体を超えると言われている。

「メンズーア」は、これらの学生結社の間で生まれた、一定のルールに則《のっと》った決闘のことである。この決闘は、仲間同士で、つまり、同じ学生結社に所属するもの同士で行われるものでは決してなく、Aという学生結社に所属するものが、別の学生結社Bに所属するものと、言わばお互いの結社を代表して剣を交えるのだ。

　十九世紀までは、ドイツ語圏の男子学生のほぼ全員がいずれかの学生結社に所属し、各大学町の至る所で決闘を行っていた。あの文豪ゲーテも、学生時代に決闘をして腕を負傷している。当時ライプツィヒ大学の学生であったゲーテは、彼が毎日のように通っていた居酒屋で働く可《か》憐《れん》な少女ケートヒェンに、生涯で最初の恋の情熱を燃やしていたが、ある学生団体に所属していたベルクマンという名の学生も、この少女に想《おも》いを寄せ、積極的なアプローチを試みていた。ある時、業を煮やしたゲーテは、劇場の中の公衆の面前で、当時の学生の慣習に従った決闘を挑発するためのセリフ、即ち、「ここは、キツネの臭いにおいがする！」を発することでベルクマンを挑発した。ベルクマンもまた、当時の学生の慣習に基づき、ゲーテの横っ面をはりとばすことにより、双方が受けた侮辱を清算するための両者による真剣を用いた決闘が、一七六七年秋、立会人と介添え係臨席のもとで行われた。

　また、『資本論』のマルクス、哲学者ニーチェやドイツ帝国宰相ビスマルクもこの種の決闘を経験し、顔に刀傷を負っている。ちなみに、ドイツ西部の町トリーア出身のカール・マルクスは、法律を勉強するために、一八三五年十月、十七歳でボン大学に入学して間もなく、「トリーア学生同郷人会」に入会し、一説によれば、当時流行していたサーベルによる決闘を何度

図4　フリードリッヒ・ニーチェ

か行い、その際に用いた剣を後に自分の仕事部屋にずっと飾っていたとも言われている。また、ニーチェも、一八六四年十月、二十歳でボン大学に進学すると、創設時の愛国主義的・政治的要素が影をひそめ、今や飲酒と決闘に明け暮れる学生結社「ブルシェンシャフト・フランコニア」に入会し、真剣を手にして決闘を行っている。更に、若きビスマルクは、ゲッティンゲン大学に入学後程なくして、伝統的な学生結社の一つである「ハノーファー同郷学生会」に入会し、在学一年半の間に、実に二五回の決闘を行っている。その他にも、ドイツ皇帝ヴィルヘルム二世、詩人ハイネ、「ダイムラー・ベンツ社（現ダイムラー社）」の創業者ダイムラー、車両技師ポルシェ、物理学者プランク、日本に滞在したドイツ人医師シーボルト、彼の名にちなんだ病気を発見したアルツハイマー、音楽家シューマン、シューベルト、ワーグナー……など、ドイツ語圏のエリートは概《おおむ》ね決闘経験者であり、学生結社に所属していたドイツ語圏の著名人は枚挙にいとまがない。

プロローグでも触れたとおり、ドイツ語圏、特にドイツとオーストリアには、今日でも「学生結社」が各大学町に数多く存在し、独自の活動を行っている。ところで、「学生結社」という訳語をあてているStudentenverbindungというドイツ語は、日本語に訳し難《にく》い単語の一つである。「学生組合」と訳している研究者もいるが、少しニュアンスが異なるように思われるので、本書では「学生結社」という訳語で統一している。しかしながら、「結社」と訳しているものの、ドイツ語圏に存在する今日の学生結社はいずれも、政治的な団体ではない。

四　決闘をする学生結社と決闘をしない学生結社

中世にすでに形成されていた学生同郷人会的団体にそのルーツを求めることができるドイツ国内の学生結社は、現在、約一〇〇〇団体あると言われており、それぞれの歴史、理念、慣習などの違いによって、様々な形態に分かれている。しかし、考え方や慣習に共通点の多い学生結社は、互いに集まってそれぞれの一大グループ、つまり連盟（Dachverbände）を形成している。

これらの連盟は、特定の地域の枠を超えた、超地域的なものがほとんどで、それぞれに共通の慣例・作法（規定）や幹部を持ち、また連盟新聞を発行している。学生結社は、「決闘（メンズーア）をする」団体＝連盟と、「決闘をしない」それとに大別される。前者、即ち、「決闘をする」団体＝連盟は、更に、「決闘することを会員全員に義務づける」（pflichtschlagend=ps）ものと、「決闘をするかどうかは個々の会員に委ねる」（fakultativ schlagend=fs）ものとに分かれる。これらの主な連盟を整理すると概ね次のようになる（四七ページ参照）。ちなみにそれぞれの連盟の名称に続けて示された数字は、左側がその連盟に所属する団体の数であり、右側の数字は総会員数であるが、いずれも概数である。

要するに、Ｃの連盟に属する学生団体はすべて決闘を認めていないわけであり、したがって、決闘を行っている学生団体はＡとＢの連盟に属するものに限られている。ちなみに、今日のドイツの学生結社においては、「決闘をしない」学生結社、つまり、Ｃの連盟に所属する団体の方が数のうえでは多い。

Ａ（１）のＫＳＣＶは、一八四八年に創設された連盟で、これを形成しているのはコーア（Corps）と呼ばれている学生結社であり、彼らは会員のすべてに決闘を義務づけている。

ドイツの学生結社の連盟一覧

A.決闘を会員全員に義務づける(ps)学生連盟

	団体数	/ 会員数
(1)「ケーゼン代表者会議連盟」		
KSCV(Kösener Senioren Convents Verband)	100	/ 15,000
(2)「ヴァインハイム代表者会議連盟」		
WSC(Weinheimer Senioren Convent)	60	/ 9,000
(3)「コーブルク代表者会議連盟」		
CC(Coburger Convent)	96	/ 12,000

B.決闘するかどうかは個々の会員に委ねる(fs)学生連盟

(1)「ドイツ・ブルシェンシャフト連盟」		
DB(Deutsche Burschenschaft)	120	/ 15,000
(2)「新ドイツ・ブルシェンシャフト連盟」		
NDB (Neue Deutsche Burschenschaft)	22	/ 3,500
(3)「ドイツ合唱団員連盟」		
DS(Deutsche Sängerschaft)	22	/ 2,300

C.決闘をしない学生連盟

(1)「カトリック・ドイツ学生結社連盟」		
CV(Cartellverband der kath. deutschen Studentenverbindungen)	120	/ 30,000
(2)「カトリック・ドイツ学生協会連盟」		
KV (Kartellverband kath. deutscher Studentenvereine)	80	/ 20,000
(3)「ヴィンゴルフ同盟」		
WB(Wingolfbund)	33	/ 4,500
(4)「シュヴァルツブルク同盟」		
SB(Schwarzburgbund)	25	/ 2,700
(5)「ゾンダースホイザー連盟」		
SV(Sondershäuser Verband Akad. Musikal. Verbindungen)	24	/ 4,400
(6)「学術体操連盟」		
ATB(Akademischer Turnbund)	40	/ 4,500
(7)「学術カトリック学生結社統一連盟」		
UV(Verband der Wiss. Kath. Studentenvereine Unitas e.V.)	40	/ 5,000
(8)「ドイツ学生団体連盟」		
VVDSt(Verband der Vereine Deutscher Studenten)	40	/ 4,500

約一〇〇の団体が所属し、年に一度ヴュルツブルクで連盟の全体集会を行う。

A（2）のWSCは、元来は総合大学の学生からなるコーアの連盟であるKSCVに対抗して、工科大学・単科大学の学生からなるコーアが集まって一八六三年に創設された。ここでも会員のすべてに決闘を義務づけている。約六〇団体が所属し、毎年ヴァインハイムで連盟の集会を行う。

したがって、学生結社コーアは合計約一六〇団体存在し、連盟全体で約二万四〇〇〇人の会員数を擁する、「決闘をする」学生結社としては最大規模のものである。

A（3）のCCは、一八六八年に創設されたランツマンシャフト（Landsmannschaft）＝「同郷人会」という学生結社の連盟と、一八七二年に結成されたトゥルナーシャフト（Turnerschaft）＝「体操連盟」という学生結社の連盟との連合体である。両者が連合したのは一九五一年であり、それ以前はそれぞれ独自の道を歩んでいた。前者は約七〇団体、後者は約三〇団体存在し、両者で合計約一万二〇〇〇人の会員がいる。この連盟でも会員全員に決闘が義務づけられており、毎年の連盟の集会地はコーブルクである。

Ｂ（1）のＤＢ（ドイツ・ブルシェンシャフト連盟）と呼ばれる学生結社の連盟は、一八八一年に創設され、決闘するか否かは個々の団体の裁量に一任されている。第二次世界大戦までの連盟の集会地はヴァルトブルクで、それ以後はランダウである。一二〇団体があり、会員数は一万五〇〇〇人である。

Ｃ（1）のＣＶ、（2）のＫＶ、（7）のＵＶなどはカトリック教徒の学生で構成される団体の連盟であり、決闘を認めていないのは当然のことである。ちなみに、一八五六年に創設されたＣＶは、一二〇団体からなり、約三万人の会員を擁する、ドイツの学生結社最大の連盟である。また、ＫＶには、八〇団体、約二万人の会員が所属している。Ｃの（3）、（4）などもキリスト教徒の学生結社であり、決闘をもちろん拒絶している。

ただし、ここで概観したのは、あくまでも、様々な学生結社団体の連盟の話であり、Ａ（1）（2）を構成するコーアは、すでに十八世紀末に創設されており、また、Ｂ（1）（2）を構成するブルシェンシャフトも、一八一五年にすでに誕生している（四二ページを参照のこと)。

その他の様々な学生結社を含めると、ドイツ国内には現在、約一〇〇〇の学生結社団体が存在し、合計約一五万人の会員がそれぞれの活動を行っている。この内、決闘を行っている団体は約四〇〇であり、その会員数は、約五万五〇〇〇人である。現在、ドイツには四〇〇近い大学があり、約二〇〇万人が学んでいるが、男女比は約五〇パーセントずつである。したがって、ドイツの男子学生全体の約一五パーセントが何らかの学生結社に所属していることになるが、決闘を行っている男子学生は、全体の五～六パーセント、約二〇人に一人という計算になる。この数字を少ないとみなすのか、あるいは逆に、意外と多いとみなすのかは、皆さんの判断にお任せしたい。

五　昔の学生の決闘のきっかけは何だったのか

すでに確認したように、今日学生の間で行われているメンズーアは、何か深刻な理由を伴う名誉にかかわる争いごとに決着をつけるために行われてきた旧来の一般人による「決闘」とは趣を異にしている。一般人の決闘は、どちらかが相手を侮辱し、侮辱された者が自分の名誉にかかわる問題に決着をつけるため、つまり、自分の名誉を守るために、侮辱した相手に決闘を申し込み、その相手もそれを受け入れてようやく決闘に至るという形をとっていた。

かつては、学生の間での一般的な決闘の申し込みは、「侮辱」を受けてから三日以内に「侮辱した」相手に伝えなければならなかった。その際、使者は、ミズキ製の節くれだった丈夫な杖《つえ》を携帯することと、帽子をかぶったままで部屋に入ることによって、自分が、決闘を申し込む者の使者であることを証明した。挑戦が受け入れられると、その決闘の挑戦を受けた者が決闘の日時と場所を決めた。挑戦を受けた者が、例えば、その土地特有の剣術に関する規定にそれ程熟知していないような場合、彼は六週間の特訓期間を要求することができた。

先に述べたように、時の経過とともに、学生が決闘の際に用いる防具もどんどん進化し、死に至るケースが激減したため、学生たちは一層決闘へと駆り立てられた。しかし、決闘するためには、まず相手を見つけて侮辱し、侮辱された相手が決闘を申し込み、自分がそれに応じるというプロセスをいちいち踏まなければならなかったので、学生たちは、もっと簡単に決闘できる方法をやがて考え出したのである。

一八二〇年代に入ると、地域のいくつかの学生結社団体が集まって、「決闘を申し込むための酒宴」(Kontrahierkneipen)がドイツの各大学町で頻繁に催されるようになった。例えば、ハ

図5　サーベルを用いた学生の決闘

イデルベルクにあるいくつかの学生結社グループが、町の中にある居酒屋に集まるとする。各テーブルにそれぞれの学生結社ごとに分かれて座り、全員が座り終えると部屋はしばらく静まり返るが、この静寂も長くは続かない。学生結社Aの会員であるXは、別のテーブルに座る他の学生結社Bの会員の中からめぼしい相手、つまり、決闘をしてみたいと思う相手Yを見つけ出すと、おもむろに立ち上がり、Yをにらみつけながら、嘲りの言葉（例えば、「そこの弱そうな兄ちゃん、こっちを見ろ！」など何でもよい）を投げつける。Yも立ち上がり、Xに対して思い切り毒を含んだ言葉を浴びせる。そのあとも互いに相手の名誉を汚すような言葉（いくつかの決まり文句がある）を応酬し合い、その結果、どちらか一方が相手に対して、「このまぬけ野郎！」（Dummer Junge !）、もしくは「このろくでなし！」（Hundsfott！ もとは「雌犬の陰部」を意味する）と罵倒した時点で、「侮辱」完了となり、日を改めての決闘となる。XとYによるこの最初のやりとりを皮切りに、そこここのテーブルで、相手を侮蔑する言葉が飛び交い、その場はしばらく騒然とする。

この「決闘を申し込むための酒宴」で決闘を挑まれた（要求された）学生、もしくは、その学生が所属する学生結社は、日を改めて、相手の学生結社に、決闘の挑戦状伝達者を送り込み、相手方の学生結社に決闘の場所と日時を決めさせた。

「侮辱」を受け、個人の名誉を著しく汚された者が、侮辱した相手に決闘を挑むという形の一般人の「決闘」では、殺傷能力の高いサーベル（図5）やピストルが用いられ、相手を殺すことや重傷を負わせることを目的としていたが、「決闘を申し込むための酒宴」でもわかるように、当時の学生同士の決闘は、それほど深刻なものではなく、極めて儀礼的な決闘の挑発に対して、挑発を受けた側もただうわべだけの形式的な言葉でこれに応じるというものであった。この「決闘を申し込むための酒宴」を通じて行う決闘の慣習は、一八四〇年代まで学生の間で続けられた。

一八五〇年代になると、更に合理的な手続きが導入された。異なる二つの学生結社のそれぞれの決闘総責任者が代表で話し合い、誰と誰が決闘するかを指定し、決闘の日時や場所も取り決めるという「指定メンズーア」（Bestimmungsmensur）である。これを境にして、身長、パワー、スピード、そして、テクニックを考慮し、話し合いで互いの決闘者を決めるというやり方が定着していったばかりではなく、剣の打ち方に関するそれまで以上に細かいルールも定められた。また、それまでの決闘では、動きまわることで相手の攻撃をかわすことが許されていたが、それも禁じられ、直立不動で剣を持つ腕だけを動かすことで攻撃と防御を行うという私が体験した現代の決闘スタイルがこの時に確立されたのである。

六　今日の学生の決闘はどのようにして成立するか

学生結社の新入会員は「フクス」と呼ばれ、入会して最初の半年～一年間は、正式の結社会員とは認められていない「見習い生」であり、この間に様々な角度から、結社の正会員として受け入れるのにふさわしい人物であるかどうかのチェックを受ける。メンズーアは、新入会員フクスたちに与えられる最大の課題であり、彼らはこれをクリアしなければ永遠に結社の正会員にはなれないのである。フクスに課される課題は三つあるが、これについては、第三章の

「フクス」の項で扱うことにする。

前述の「指定メンズーア」は今日においてもそのまま受け継がれており、メンズーアを行う当事者同志が決闘の取り決めを行うのではなくて、各々の学生結社の決闘最高責任者である副会長（Consenior）が集まり、その地域の「決闘取り決め会議」（Fechtwartsitzungen）において、技術面においても経験面においてもほぼ同じレベルの決闘者をあらかじめそれぞれ選び出す。かつては当たり前であった「侮辱」や「形式的な侮辱」は、今日の学生の決闘における直接的動機ではない。決闘者は、勝手に相手を決めて決闘に臨むわけではなく、自分の所属する結社を代表して、別の結社の相手とメンズーアを行うわけであり、それは決闘をする連盟のそれぞれの結社に所属する者たち全員の義務となっている。

新入会員フクスたちは、半年から一年間みっちりトレーニングするわけであるが、その結社の決闘最高責任者である副会長によって、精神面・技術面において、結社を代表して決闘を遂行できるレベルに達したと判断された者だけが、メンズーアの舞台に立つことができる。

ところで、個々の学生結社は、OB会員をも含めた自分たちの活動の拠点として、四〜五階建てぐらいの立派な「結社ハウス」（第四章の五で扱う）を持っていて、決闘練習場はその地下室に備え付けられている。「決闘取り決め会議」で、決闘の日時、場所、対戦相手が決まると、それぞれの結社ハウスの表玄関の扉に、次のような紙が、ある日突然張り出される。

所属団体名	氏名	テクニック	スピード	パワー
コーア・レノ・ニカーリア	スガノ	×××	×××	××
トゥルナーシャフト・フリデリツィアーナ	シューベルト	×××	×××	××
コーア・レノ・ニカーリア	ハークマイヤー	××	×××	×××
ランツマンシャフト・トイトニア	バッハマン	××	×××	×××

誰よりも時間をかけてトレーニングをしてきたにもかかわらず、この張り紙を見た瞬間、なんとなく予感はしていたものの言い知れぬ不安と恐怖感が私を襲った。戦時中に、戦場に赴くように命じた旧日本軍の召集令状は、淡い赤色をしていたことから、俗に「赤紙」と呼ばれていた。筆者は戦後生まれであるが、まさに、その「赤紙」を突然受け取ったかのような気持ちになったのを、今でもはっきり覚えている。

メンズーアで剣を交える決闘者双方は、決闘の時にはじめて顔を合わす見知らぬ他人同士であるが、決闘のルールを守りながら、同じ条件のもとで正々堂々と戦うわけであり、二人の間には、「斬っても、斬られてもお互い恨みっこなしだぜ！」という暗黙の合意がある。それだけになおさらのこと、無事戦い終えると、お互いの勇気と精神力を心の中で称え合い、その結果、結社仲間とは別の意味での固い絆で結ばれる。プロローグで触れたように、例えば、私の最初の決闘の相手も、我がコーア・レノ・ニカーリアの長年の宿敵であるトゥルナーシャフト・フリデリツィアーナ（Turnerschaft Fridericiana）に所属するシューベルトという若者で、二回目の決闘で筆者が顔と頭を斬られ、仲間に見守られながら決闘専門医に傷口を縫われている時に、心配して真っ先に駆けつけてくれたのである。

七　ドイツの学生の決闘は法に触れないのか

真剣を振りまわせば、日本であれば、銃刀法違反で即逮捕ということになるが、今まで本書で眺めてきた決闘が、現在のドイツでそもそも法的に許されているのかどうかという疑問を抱く読者も多いと思う。それについて簡単に説明したい。その前提としてまず少し、ヨーロッパにおける裁判の歴史について触れておこう。

（一）決闘裁判

中世のヨーロッパでは、反逆、殺人、姦通《かんつう》などの重要な事件で、事の真偽がはっきりしない場合、最終的な「神の裁き」として、争いの当事者またはその代理人が一対一で決闘をし、その結果に従って紛争に決着をつける裁判が普通に行われていた。これを、「決闘裁判」と呼ぶが、その歴史は古く、古代ゲルマン人の時代まで遡る。

中世よりはるか以前の時代から、裁判方法の一つとして、何らかの手段を用いて神の意志を得ることによって、正邪を判断するという「神判《しんぱん》（神明裁判《しんめいさいばん》）」がヨーロッパで一般的に行われていた。神判には例えば次のような方法があった。

①熱湯神判：熱湯の中の石を引き出させ、その手を袋で封印し、三日後、その袋を開封し、その対象者の手が無傷であれば無罪、そうでなければ有罪というもの。これは、古代日本でもまったく同じように行われていた「くがたち（盟神探湯）」に相当する。

②熱鉄神判：熱鉄を手に持って歩かされ、熱湯神判同様、三日後の火傷《やけど》の有無で判決を下すというもの。真っ赤に焼かれた鋤《すき》の上を裸足《はだし》で歩かされる場合もあった。

③冷水神判：対象者を縛り、身体を水に入れて、そのまま沈めば無罪、浮かべば有罪というもの。

神判では、真実を主張している者には、神の意志が働き、必ず神のご加護があるという考え方が根底にあり、決闘裁判もそのような神判の一つであった。例えば、罪を犯したと推定される加害者に対して、十分な証拠がない場合、被害者側がその加害者と思われる相手に決闘を申し込むという決闘裁判もあったが、神は正しい者に必ず味方すると信じられていたので、このような神判の結果は、絶対的なものであった。しかし、時の経過とともに、この神判は徐々に制度的に廃止されていき、決闘裁判も十四〜十五世紀までには、ヨーロッパの歴史舞台から概ねその姿を消し去るのである。

(二) 決闘による無条件の名誉回復

「決闘による無条件の名誉回復」とは、何らかの理由で名誉を汚された者が、侮辱した方に決闘を挑み、侮辱した方（決闘を挑まれた方）が、その決闘の挑戦を受けるという権利と義務のことである。決闘を申し込まれた者が、これを受諾しないことは、最大の不名誉とされていたので、決闘は頻繁に行われた。名誉を汚され、侮辱を受けた者は、その相手と命を賭けて決闘をすることによって、自分の名誉を挽回・回復することができたわけであり、通常の裁判などで自らの正しさを証明できそうにない場合などに広く行使された。この考え方は、元来、すでに述べた神判の一つである「決闘裁判」に由来する。

ところで、ヨーロッパで十五世紀に鉄砲がはじめて登場し、その後、十八世紀においてようやく拳銃（ピストル）が市民社会の中に浸透していくまでは、この一般的な意味での決闘で用いられたのは、言うまでもなく、「剣」であった。そして、その剣の携行を許されたのは、中世においては、貴族と一部の階級の者に限られていたため、彼らを中心に「決闘による無条件の名誉回復」という考え方のもとで、自らの出自や階級を誇示するかのように頻繁に決闘が行われていた。

十四世紀には、ドイツ語圏にも大学が誕生するが、このころも、武器＝剣の携行を許されたのは、貴族とごく一部の階級の者や、遍歴学生（ヨーロッパ中世において神学などを究めることを目的として、様々な大学を集団で渡り歩いた学生たち）に限られていた。しかし、やがて、この日々危険に満ちた中世にあって、城壁に囲まれたそれぞれの都市は、自らの町を敵から守るための戦闘能力を高めるため、市民たちが剣術を身につけることを積極的に奨励し、その結果、至る所に剣術道場が開設され、すぐれた剣術師範も雇い入れられた。そして、一般の学生たちも、剣を携行するという貴族たちと同じ特権を持つことを主張し始め、間もなく、大学に設けられた剣術道場に名を連ねるようになる。

一五一四年、皇帝マキシミリアンが、学生に武器（＝剣）の携行を文書で保証すると、これを境に、剣術道場で習得した剣術のやり方を実際に試してみたいと思っていた学生たちは、「決闘による無条件の名誉回復」を行う正当な権利と特権階級意識を得て、意気揚々と至る所で決闘を繰り広げたのである。

（三）剣術の奨励と禁止令とのはざまで

次の章で詳しく眺めるが、当時の決闘の形態は、ルールもほとんどなく、粗暴極まりないものので、それによって命を落とす学生も後を絶たなかったので、学生を法的にも直接管理していたそれぞれの大学当局は、一五七〇年のヴィッテンベルク大学を皮切りにたびたび決闘禁止令を出して、少しでも若い命を守ろうとした。

しかし、学生の決闘熱はとどまるところを知らず、それどころか、有名な剣術師範を置いているかどうかが、当時の若者たちが大学を選ぶ際の第一条件といわれるまでになったため、各大学は、こぞって、優秀な剣術師範を任用し、剣術を奨励した。つまり、ドイツのすべての大学当局は、十六世紀以降、剣術を学生に奨励しつつ、その一方で、どんどんエスカレートする学生の決闘熱に少しでも歯止めをかけるために、ころ合いを見計らって、決闘禁止令を出しては、また、それを解除するということを繰り返さなければならず、まさに、剣術の奨励と、決闘禁止令のはざまで揺れ動くことになる。

決闘は、まさしくその後もドイツの学生文化の中核部分を形成していくことになるが、十六世紀の終わりにイタリアから「突き」のスタイルの剣術がドイツに流れ込み、それまでの伝統的な「斬り」の剣術形態を押しのける形で、ドイツの各大学町に浸透していった。ところが、この「突き」の剣術による決闘は、「斬り」の剣術によるそれに比べて、危険度がはるかに高く、決闘者がそれによって致命傷を負ったり、命を落とすケースが激増した。これにより、法律的にはじめて、学生の決闘は「刑事罰」の対象となり、ドイツ刑法典の中でも、これ以降取り扱われることになる。

（四）学生の決闘＝メンズーアの法的評価

十八世紀後半から、ドイツの伝統的な「斬り」の剣術スタイルが復活し、しばらくの間は、

「突き」の剣術とともに並存していったが、十九世紀に入ると、危険度の高い「突き」の剣術は衰退し、以後今日に至るまで、学生の決闘＝メンズーアにおいては、「斬り」の剣術スタイルが受け継がれている。

十九世紀の中ごろ、それまでの決闘とは異なり、しっかりとした防具をつけることや、ラウンド数や細かな規定を定めた決闘形態が出現し、致命傷を負う学生の数は激減したが、それでも、殺傷能力のある真剣を用いて、互いに斬り合うというこの決闘＝メンズーアは、刑法上の処罰の対象であり続けた。

一八八三年、ドイツ帝国裁判所は、メンズーアは、処罰の対象となる完全な違法行為であるとして、この学生の決闘の慣習に有罪判決を下し、以後、約七〇年間、この判決が、ドイツにおけるメンズーアに対する基本的な法的評価となった。しかし、一八八三年以降も、学生の決闘メンズーアが合法か非合法かについて様々な法的議論が行われた。

本章で眺めたとおり、ドイツの学生結社団体は、決闘を会員に義務づけるグループと、決闘を拒絶するグループに分かれるが、第一次世界大戦以前においては、前者は、後者を、「決闘による名誉回復」を拒む、弱腰で不名誉な団体と見下し、後者は後者で、前者を、決闘にばかり熱をあげる野蛮集団とみなしていた。しかし、第一次世界大戦で、双方のグループに所属する学生たちは、戦場で力を合わせて敵と戦い、その結果、お互いを認め合うようになっていた。一九二一年、「エアランゲン連盟協定」及び「エアランゲン名誉協定」が結ばれ、その際、二一団体からなる決闘推進派が、九団体からなる決闘拒絶派の学生団体に対して、決闘を拒絶することは不名誉なことではないと宣言した。彼らは、この協定によって、「決闘による名誉回復」という考え方の普遍妥当性を放棄した。

一九二六年、シュトゥットガルト工科大学とホーエンハイム大学の学生三人が、メンズーアを行ったとして、三か月の城塞禁固刑の判決を下された。その際に法廷に立った検事や裁判官も、かつては学生結社に所属し、自ら決闘を経験していたが、彼らは、ドイツ帝国法の判決に従わざるを得ないことを遺憾に思うと述べている。なお、ナチスの第三帝国時代には、学生結社の活動およびメンズーアは厳しく規制された。

第二次世界大戦後、占領軍は、ナチスと同様にドイツのいかなる学生結社の活動も禁じたが、時の経過とともに東西ドイツ時代の西ドイツで学生結社は徐々に復活をとげ現在に至る。一方、東ドイツでは、冷戦終結まで、学生結社の活動や決闘の慣習は徹底的に禁圧された。一九五一年から五三年に行われた「ゲッティンゲンのメンズーア訴訟」において、カールスルーエのドイツ連邦最高裁判所は、決闘によって相手を負傷させて起訴されたある学生に対し、その負傷が、お互いの合意に基づく、一定のルールに則った「指定メンズーア」で発生したとして、無罪判決を下した。「メンズーアによって、確かに、刑法上の危険な身体的傷害が生じる可能性はあるが、それが、お互いの合意のもとで生じた傷害である限りは、罪にはあたらない」ことが、この判決で確認された。

その際述べられた、「しっかりした防具と厳格な戦いのルールによって、生命を脅かすような傷がもたらされない限り、メンズーアは、殺傷能力の高い武器を用いた果たし合いとは言えない」という判決理由に依拠し、今日に至るまで、ドイツにおける伝統的な学生間の決闘＝メンズーアは、処罰の対象とはならない合法的なものとして、法的に認められているのである。

第二章　決闘の掟

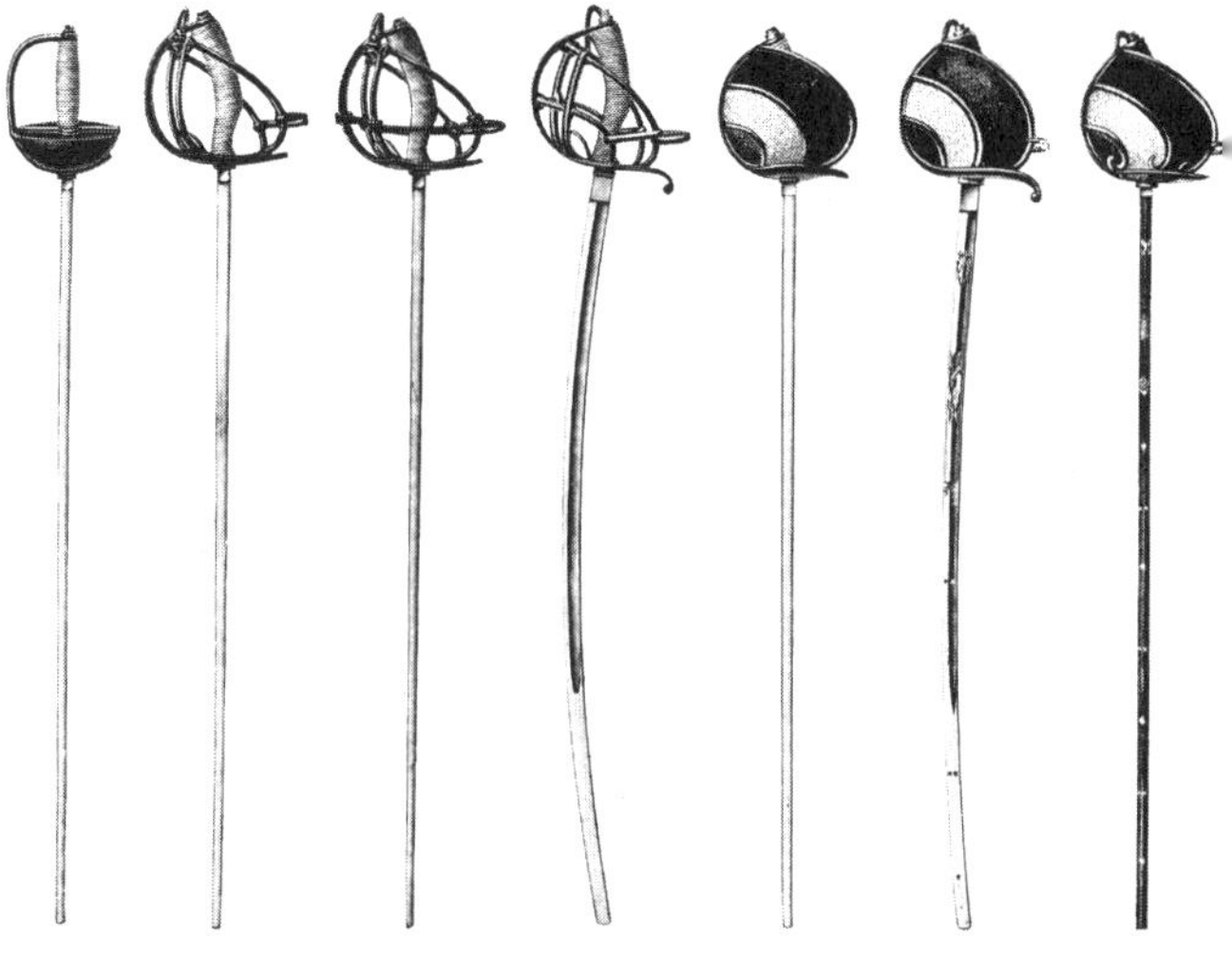

Glocken-Rapier　Korb-Rapier　Korb-Rapier　Fecht-Säbel　Kneip-Schläger　Mensur-Säbel　Mensur-Schläg

マンハイムでの留学生活もすでに三か月を経過していたそのころ、私は悩んでいた。三か月の間、ドイツの生活にも慣れ、何人かのドイツ人と知り合いになったし、同時期に留学していた日本人たちとも適度に交流をし、他国からの留学生とも親しくなった。ドイツ語によるコミュニケーションも、不完全とはいえ、それなりにうまくいくようになりつつあった。

しかし、私は物足りなさを感じていた。私の妻が、学生寮の共同キッチンで談笑しているのを尻目に、自室にこもり、大きな窓辺にある机の前に座って一人思った。男だけの話や人生論を、とことん、なんの気がねもなく交わしたり、議論したりする真の友人が作れないものか。子供のころから勉強よりスポーツに自信のあった私は、中学ではサッカー、高校では小学四年のころから習い始めていた柔道に打ち込み、また大学ではアメリカンフットボールに没頭した。身体を動かしてみたらどうだろう。そんなある日、日ごろの運動不足を感じつつあった私は、マンハイム大学の学生に交じってサッカーをやることにし、その後も何度か汗を流した。

ある時、いつものようにゲームを始めたが、間もなく、背の高い一人のゴールキーパーが目にとまった。彼は、見るからにスポーツマンタイプで、顔はプロの選手のように精悍《せいかん》でユニフォームも一番さまになっていたが、ゲームが始まってしばらくすると、我々は皆目を疑った。キーパーとして一生懸命にプレーしているのであるが、彼の横をかすめて敵のシュートしたボールがネットにすでに突き刺さっているにもかかわらず、必死にダイビングしてボールを止めようとしているではないか。

「いったい何をしているのだろう?」「受け狙い?」「悪ふざけ?」

彼を除く全員がそう思ったに違いない。ところが、その後も、彼はこれを繰り返した。つまり、キーパーとしての反応が遅すぎて、敵のシュートしたボールがすでにネットを揺らした後に、ボールに飛びつこうとしてダイブしているのだ。完全にタイミングをはずしている。反射神経が悪すぎる! 私も含め、みんな笑いをこらえながらプレーしていた。しかし、本人は真剣だった。ゲームを終えて、その場を引き揚げようとすると、そのドイツ人のキーパーが私に声をかけてきた。私は、ゲーム中からどことなく滑稽《こっけい》な彼に対して言いようのない親近感を覚えていたので、足をとめて微笑《ほほえ》みながら言葉を交わした。はじめはどこから来て、何を勉強しているかなどのたわいのない話をしていたのだが、なぜか飲みに行こうということになった。

アレクサンダーというそのドイツ人の若者は、今にもエンストしそうなボロボロのフォルクスワーゲン・ポロで、四階建ての大きくて立派な建物の一階にある奇妙な雰囲気のバーのようなところへ私を連れていった。女性は一人も見当たらず、その場に居合わせた連中は皆若く、アレクサンダーも常連客のように彼らと親しげな挨拶を交わしていた。

「よう、アーレックス！」（アレクサンダーは皆からそう呼ばれていた）

「今日は日本からのゲストを連れてきたぞ！　こちらはミッチーだ」（ミッチーとは筆者のことであり、ドイツ留学中は結局ずっとそう呼ばれたし、日本へ帰国後も、周囲の者からそう呼ばれ続け、この歳になった今でも、皆、私をミッチーと呼んでいる）

と、アレクサンダーは、そのバーにいる若者たちに、私を紹介した。彼らは、一人ひとり私のところまでやってきて、それぞれ自分の名前を言いながら、礼儀正しく握手をしてきた。

サッカーで思いっきり汗を流したこともあり、そのバーのビールは格別うまく、私は何度もジョッキを空けたが、そこにいたドイツの若者たちの飲みっぷりは半端ではなかった。やがて、彼らがとんでもない大酒飲み集団であることが判明。その日はひとまず退散することにした。

「しかし、仲がいい……いったいあれは何の集まりなのか。それにしても奇妙なバーだな」

そう思いつつ、私は家路を急いだ。

アレクサンダーと二度目にそこを訪れた時、バーにいる連中が全員マンハイム大学の学生であること、四階建てのその建物全体が彼らの持ち家であること、そして、彼らが一つの学生団体＝学生結社のメンバーであり、その立派な結社ハウスを活動の拠点にしていることなどがわかってきた。彼らは全員礼儀正しく、またどこか好感の持てる奴ばかりで、いつでも来たい時に来いと言われるまま、アルコール好きの私は、頻繁にここに出入りするようになった。それがいったいどのような学生の集まりなのかは依然としてはっきりわからないままであったが……。そして、忘れもしないあの日がやってくる。

一九八一年一月のある日、アレクサンダーが私たちの住む学生寮の部屋に突然やってきて、今から例のバーへ行こうと誘った。

「お前が俺たちの学生結社コーア・レノ・ニカーリアに入会する儀式を今晩八時から行うから急ごう！」

と彼は言う。

唐突ではあったが、

「おもしろそうじゃないか、それも悪くない」

と考え、言われるままに、彼のボロボロの愛車ポロに飛び乗り、私たちはそこへ駆けつけた。

私をフクス（新入会員）としてその結社に迎え入れる儀式は、一九八一年一月二十日夜八時、結社ハウスの薄暗い中央集会室で極めて厳粛な雰囲気のもとで行われた。三〇人くらいの会員たちが直立不動する中、今までに味わったことのない緊張感を抱きながら会長の前に歩み出た。白いテーブルクロスで覆われた私の目の前のテーブルには、大きな三本のロウソクの炎が、揺れながら二本の交差する剣を映し出していた。昔、何かの本で見たフリーメーソンの入会儀式の様子を描いた一枚の絵を思い出した。

「ここは秘密結社か!?」

言いようのない緊張感と不安感を覚え、その場からすぐ逃げ出したいという気持ちに襲われた。

シーンと静まり返った中、会長が私にこう尋ねた。

「この結社の規則を守り、己の義務を果たすことをここに誓えるか?」

私は、あらかじめアレクサンダーから教えられていたとおり、一言、

「Ja（はい）」

とだけ答えた。すると会長は、おもむろに、フクス（新入会員）用の黒・白・黒のベルトリボンを取り出し、私の右肩から左わきに円を描くような感じで直接かけてくれた。その後は、その場に居合わせた会員一人ひとりと目を合わせながら握手をして、この儀式はあっさりと終わ

った。いったん、フクスになっても、脱会したければいつでもでき、たとえ脱会してもいつでも再びゲストとして歓迎されるという自由が保証されていたため、私はほとんど何の抵抗もなく、フクスとして入会した。何を目的にどのような活動をしている団体なのかよくわからぬままにである。

「男」になるための試練

すでに述べたとおり、ドイツ語圏の様々な大学町で活動を行っている学生結社は、若い会員を一人前の男に仕立て上げるための一種の教育機関とみなすことができる。後で詳しく触れるが、個々の学生結社は、月に何度か会議を開いて、民主的に話し合うことの大切さを会員に教え、また、各学期に何度かOB会員たちも参加する飲み会（酒宴）を催して、コミュニケーション能力を高め、どんな状況でも自分を見失わないことを会員に学ばせている。会員に決闘を義務づけている学生結社においては、会議、飲み会、メンズーアという三つの教育的要素の中で、メンズーアが最も重要な教育的手段であるとみなされている。メンズーアを通して、精神と肉体の両方を鍛錬し、それによって、自己の恐怖心をコントロールし、自己の不安を克服することを学ぶのである。

決闘の目的は相手を負傷させることではなく、最も重要なことは、むしろ決闘者の道義的、道徳的な態度・姿勢である。決闘者は決闘規定・慣例を遵守し、相手の攻撃に決して怯むことなく、気骨をもってこの試練を耐え抜かなければならない。

メンズーアの前には、決闘者は、かつて同じ極限状態を経験した結社仲間から、励ましの言葉をもらうが、決闘の直前になると、誰も話しかけなくなる。結社の会員全員が決闘当事者の気持ちになるからだ。メンズーアの最中は、決闘者を静かに見守りながら、気持ちのうえでは、決闘者とともに相手と戦うのだ。

メンズーアは、決闘者に勇気と気高さ、騎士道的義俠心《ぎきょうしん》と勇敢さを教えることを目的としており、決闘者は己の内的不安を克服し、自制心を失うことなく自己を制御することを学ばなければならない。また、己の意志を貫徹し、個人的な恐怖感を顧みず、自分に課せられた任務を果たすこと、また、自尊心と決闘の相手に敬意を表する態度を身につけなければならない。更にメンズーアは、共通の理念・連帯感に基づく共同体（＝一つの学生結社組織）を形成するための一つの手段であり、決闘者は、自分の名誉のためというより、むしろ、自身が所属する学生結社の「名誉」と「名声」を背負って剣を交えるのだ。

決闘当日、会場には決闘者が所属するＯＢ会員を含めた結社仲間が何十人と集まり、すべてのメンズーアを決闘者とともに体験し、苦楽をともに分かち合う。これらを通して、結社の会員同士の結束力と絆が自《おの》ずと強まることは言うまでもないであろう。メンズーアという共通の体験によって生まれる仲間意識は、抽象的な理想論や中途半端な仲間意識で築かれた友情などよりも、はるかに強い絆で結ばれるのである。

同様に、決闘者が所属する結社の会員たちは、行われたメンズーアが自分たちの結社の要求を十分満たしたものであるか否かを即座に決定しなければならない。実際、味方の決闘者が深い傷を負い、ドクター・ストップがかかった場合でも、その直後にその場で、行われたそのメンズーアが結社の名誉にふさわしいものであったかどうかについての緊急会議が、決闘者を除いたその結社仲間によって開かれる。もし仮に、味方の決闘者が、「ムッケン」して結社の名誉を傷つけたと判断されたなら、そのメンズーアは無効とみなされ、場合によっては、その決闘者は結社から永久追放ということもあり得るのである。

言うなれば、メンズーアは、それに伴う個人的な危険を顧みず、己の結社に自分自身を賭けることができる人間と、そうでない消極的人間とを篩《ふるい》にかけるための言わば試金石の役割を果たしていると言えよう。真剣を用いたこのメンズーアの目的は次の三つに要約される。

・技術と力強さを競う
・血（Blut）を結社（Bund）に捧《ささ》げる
・恐怖に打ち勝つ（克己）

西洋における一般人のピストルを用いた「決闘」や、宮本武蔵《むさし》と佐々木小次郎の巌流島の「果たし合い」、あるいは日本において特徴的であった「仇討《あだう》ち」などとは異なり、メンズーアにあっては「決着をつけること」それ自体が目的ではない。ここにおいて重要なことは、鋭い刃物で顔や頭を斬られるという恐怖心を克服し、自分の感情や興奮を抑えながら、相手の剣に怯むことなく、勇気ある態度で沈着冷静に最後まで戦い抜くことである。

当然のことながら、メンズーアをやり抜くためにはそれ相応の技術も身につけなければならない。第三章で詳しく紹介するが、これらの学生結社の各結社ハウスには必ず地下室に決闘練習場があり、そこで会員たちは、決闘用剣術の師範（Fechtmeister）から手ほどきを受けながら、メンズーアに備えて練習をするのである。ちなみに、この決闘用剣術は、動きまわることが許されているフェンシングや日本の剣道とはまったく異なる特殊な剣術形態であるため、それを専門に教えることのできる剣術師範はドイツ国内でも極めて僅かしかいない。彼らは、いくつもの学生結社を渡り歩き、その特殊な剣術テクニックを教えることでのみ生計を立てている非常に珍しい集団である。この剣術師範たちは、若者たちに綿密にメンズーアの技術を教え込むだけではなく、日々の練習を通じて、決闘の不安を克服し、勇敢に泰然として相手に立ち向かう精神的強さを身につけさせるよう指導しているのである。

二　騎士道精神

決闘を行う学生結社に所属し、すでに決闘を経験したことのあるドイツの男たちは、中世の騎士のように「男らしく」凛々《りり》しい。そして、彼らは女性を心から大切に扱う。我が学生結社コーア・レノ・ニカーリアの連中もその例外ではなく、皆、折り目正しい人間ばかりであり、女性に対する礼節や気配りを忘れない。

例えば、結社ハウスのバーに女性が入ってくるや、ただちに椅子からさっと立ち上がり、その女性に席を譲り、彼女に何を飲みたいか尋ね、自ら給仕する。その姿は極めて自然であり、まったく嫌味ではない。女性は守るべき弱きもの（現代では必ずしもあてはまらないかもしれないが）として、人前でも男は率先してエスコートする、という姿勢は、一般に、日本人より欧米人の男たちに身についているようだが、学生結社の学生たちの女性へのやさしさは、戦士としての強さに裏打ちされているためか、清々《すがすが》しささえ感じる。

元来、ヨーロッパ中世の騎士は、古代ゲルマン民族の戦士にその起源が求められると言われているが、まさに、彼らは、それらの戦士たちのゲルマン魂と騎士道精神を連綿と受け継いでいると言ってよい。騎士の美徳としては、優れた戦闘能力、勇気、誠実さ、寛大さ、礼儀正しさ、高貴さなどがあげられるが、騎士道精神の中心にある徳目としては、そのほかに女性への献身と奉仕がある。ドイツの学生結社に身を置き、決闘をする学生たちは、中世の騎士のような「やさしさを秘めた強さ」を持っているのだ。

日本で生まれ育った私は、最初は抵抗を覚えたが、我がコーア・レノ・ニカーリアで鍛えられたお蔭《かげ》で、女性への気配りは自ずと身についたように思う。

それでは次に、メンズーアの詳細について説明したい。

三　決闘のルールを定めたメンズーア規定

決闘者の訓練、決闘の準備及びやり方、及び、どのような場合に行われた決闘が学生結社の要求を満たすかに関しては、メンズーア規定の中で細かく定められている。その目的は、その地域にあるいくつもの結社間の意見の相違やもめ事を調停することにあり、プロローグでも少し触れたとおり、具体的には次のような事柄を規定している。

（一）防具
（二）ラウンドの回数及び打ち方
（三）剣
（四）許される打ち方と許されない打ち方
（五）セコンドによる決闘の中断の条件・理由など

例えば、我々が所属するＨＩＧ（ハイデルベルク学生結社連盟）の学生決闘規定には次のようなことが細かく規定されている。私が体験したメンズーアもこの規定に従っていた。

Ａ　指定メンズーアでは、決闘者の一回目の決闘においては、二五ラウンド、二回目以降は三〇ラウンドであり、それぞれ交互に五回ずつ打つ。第一ラウンドの前及び、最終ラウンドまで決闘が続いた場合は、その後にそれぞれ、お互いの剣を一度軽く十字に交わすだけの名誉（儀礼）のラウンドが設けられている。

B　決闘者両者の間隔は、胸の高さで水平に測った剣の長さの分である。（握りの部分のかごづか一五センチ、刃八八センチ）

C　両者に三センチ以上の身長差がある場合、どちらか一方の申し入れがあれば、適当な台などを用い両者の身長を調整する。

D　メンズーアが完了するのは次の場合である。

（一）規定のラウンド（二五回／三〇回）の最後のラウンドまで決闘が行われた場合

（二）決闘者が負傷し、ドクター・ストップがかかった場合

（三）決闘者が何らかの理由で退場を余儀なくされた場合

E　武器は、ハイデルベルクのコルプ・シュレーガー（Korbschläger 一一三ページの図10を参照のこと）を用いる。鋭利な部分は、刃の表側四三センチ、裏側の一八センチの部分。刃の幅は二センチを超えてはならない。

四　決闘を行う際の構成メンバー

決闘に必要不可欠な人間は次のとおりである。

・二人の決闘者（Paukant）
・二人のセコンド（Sekundant）
・二人の介添え係（Testant）
・二人の記録係（Protokollführer）、もしくは、記録係の新入生（Schreibfuchs）
・一人の中立の立場の立会人＝審判（Unparteiischer）

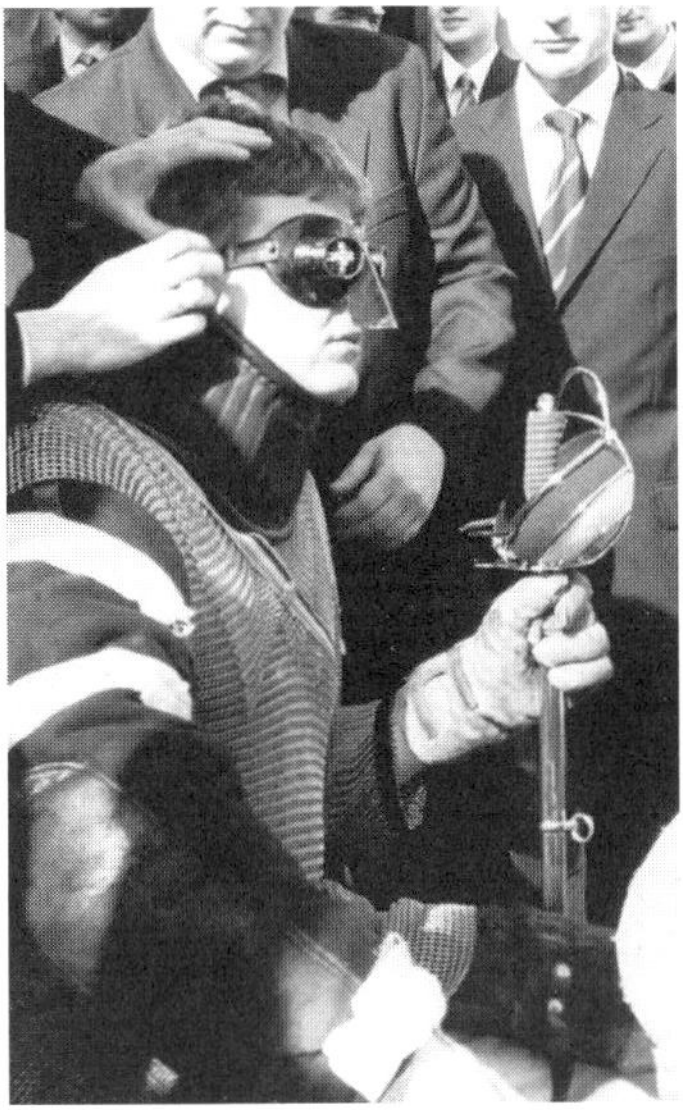

図6　決闘用メガネ

・最低一人の決闘専門医（Paukarzt）

冒頭の図1と図2（三五ページ）をもう一度ご覧いただきたい。

【決闘者】

「決闘規定」に従えば、決闘者は決闘の間、原則的に終始声を発してはならず、常にセコンドの指示に従わなければならない。また、決闘者は、首（正確にはアゴ）から下の部分に頑丈な防具をつける。頸動脈を斬られると即死するので、まず首全体には、幅一〇〜一三センチ、厚さ二ミリ程の頑丈な襟巻状の防具が厳重に巻きつけられる。両肩と剣を持つ腕にも防具をつけ、厚手の特殊な手袋をはめ、長めの決闘用の前掛けで身体を膝のあたりまで覆う。更に金属製の針金格子のついた特殊な決闘用メガネ（Paukbrille）をかけるが（図6）、これには鼻を保護するための薄い金属板が取り付けられている。このメガネがはずれそうになったような場合のみ、決闘者は自ら例外的に「Halt！（ストップ！）」と叫ぶことは許されているが、このようなケースはまずないと言ってよい。したがって、刀傷を負う可能性のある部分は、頭と顔である。

【セコンド】

決闘者双方につくセコンドは、それぞれ味方の決闘者を守る責任がある。彼らは、味方の決闘者の剣を持っていない腕の側の傍らで身を低くかがめながら、注意深く決闘者の動きを見守る。味方の決闘者に足を掛けているのは、味方の決闘者が前へよろめいたりしないためである。結社のシンボルカラーの前掛けをかけ、全身防具で身を包み、専用のヘルメットをかぶったセコンドは、自ら剣（ただし、鋭利なものではない）を手にするが、その刃先は、決闘中は床につけたままである。次のような場合、セコンドは自分の判断に基づいて、「Halt！（ストップ）」と叫んで、剣を用いながら身体ごと中に割って入り、決闘を中断させることができる。

（一）決闘者、セコンド、介添え係、あるいは立会人が「ストップ！」と叫んだ場合
（二）味方の決闘者が負傷して出血した場合
（三）決闘者の防具等がずれた場合
（四）味方の決闘者が剣を打ちそこなったり、よろめきそうになった場合
（五）相手の決闘者が、規定に反した打ち方をした場合
（六）剣の刃が欠けて飛んだ場合

などである。(五)のような場合、セコンドは、すぐさま立会人に抗議したり質問をしたりすることができる。したがって、メンズーアのセコンドは、もちろん決闘者とともに戦うことは許されないが、試合中リングの外にいなければならないボクシングのセコンドとは違い、味方の決闘者の傍らにいて彼を直接的にサポートするわけである。

このセコンドを務める者は、最低二回の決闘を行ったことのある、決闘規定に精通した結社会員、あるいはOB会員に限られる。

【介添え係=テスタント】

テスタントと呼ばれる介添え係は、決闘が規定どおり行われているかどうかを絶えずチェックし、敵の決闘者が規定に反した打ち方をしたような場合には、セコンド同様、立会人に直接抗議・質問することができる。彼らはまた、各ラウンドが終了するごとに、アルコールを染み込ませた綿で剣の刃を消毒し、同時に剣の状態をチェックする。そのあと、次のラウンドが始まるまでの十数秒ほどの間、剣を持つ決闘者の手を支えながら、手首をぐるぐるまわしてマッサージする。ラウンドを重ねて腕が鉛のように重くなってくると、手首と腕の筋肉をほぐしてくれる介添え係のこのマッサージ程ありがたいものはない。テスタントは、刀身が曲がった場合にそれを再びまっすぐに直すために、片手に専用の手袋をはめ、味方の決闘者が剣を持つ腕の側に立って、注意深く決闘を見守る。

【記録係、もしくは、記録係の新入生】

彼らは、双方の学生結社を代表して立会人の横に立ち、決闘の日付、決闘関係者全員の名前、ラウンドの回数、戦況等を記録する。野球のスコアラーのようなものである。

【立会人】

立会人（三五ページ図2の中央に立っている人物）は、決闘当事者が所属する学生連盟以外の連盟に属する中立的な人間であらねばならず、最低二回の決闘を行った者で、決闘規定を熟知している、少なくとも大学在籍四学期目以降の学生結社の会員またはOB会員に限られ、双方のセコンドが話し合って選出する。この立会人は、その場に居合わせる者全員、つまり、決闘者、決闘関係者、そして見物人が、メンズーアの規定と慣例に従って振る舞っているかどうか絶えずチェックする立場にある。彼は、言わば「レフリー＝審判」であり、その場では絶対的な権限を持っている。立会人は、決闘当事者や決闘関係者が決闘の規定と慣例に反する行動をとっていると判断した場合、その者を退場させることができる。また、決闘中、大声を出したりして決闘者の戦いを妨害するような見物人は、立会人が注意しても態度を改めない場合は、立会人の権限において退場させられる。

決闘の開始や終了を告げたり、ラウンド数を数えるだけではなく、決闘が始まる前に、そこで使用される剣、防具などがメンズーア規定に即したものであるかどうかを確認し、また決闘者双方の距離が正しく保たれているかどうかなどを絶えずチェックするのも立会人の役目である。彼はまた、セコンドやテスタントの質問や抗議を聞き、必要とあらばそれを記録させる。

例えば、セコンドがそのラウンド終了時に、

「今の相手の決闘者の打ち方は、メンズーア規定に反するのではないか？」

と尋ねると、立会人は、

「そうだ、そのとおりである（Ja, das war der Fall.）」

もしくは、

「いや、そうではない（Nein, das war nicht der Fall.）」

というような簡潔な決まり文句で答える。「そうだ、そのとおりである」と答えた場合、立会

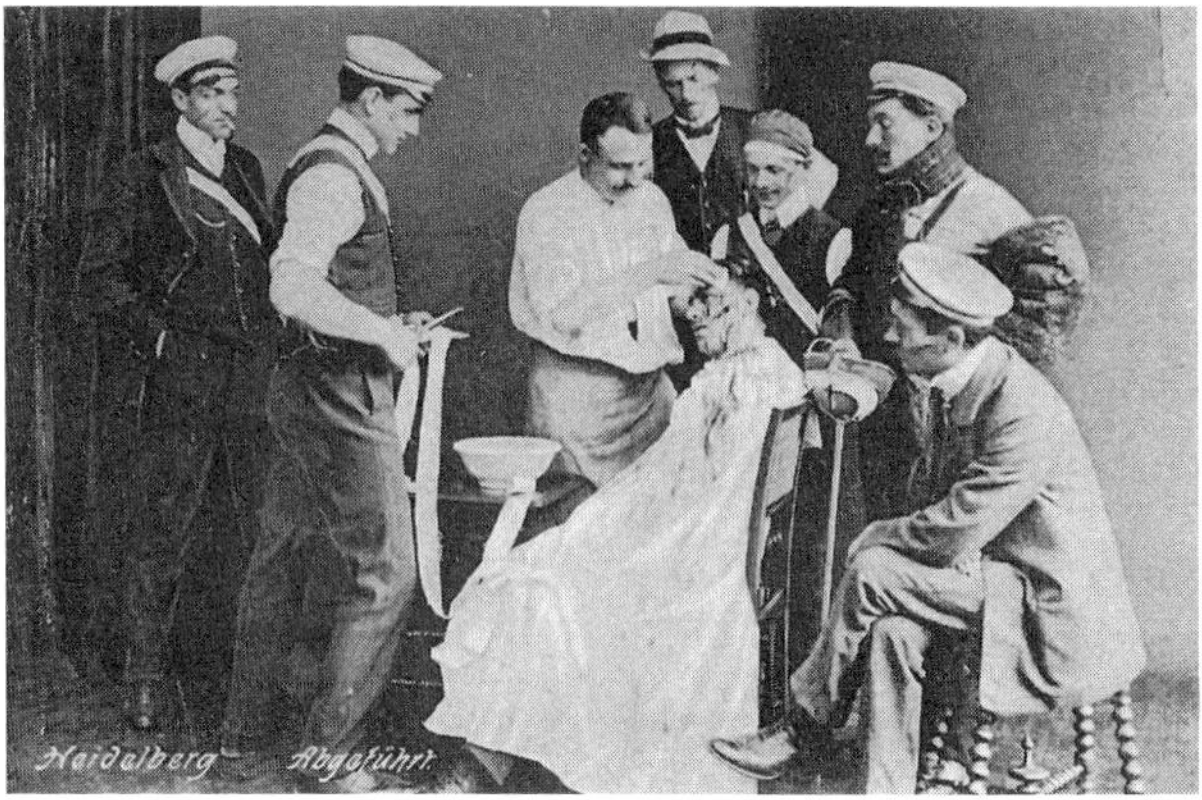

図7　決闘専門医による傷の縫合《ほうごう》

人はその旨を記録させ、このセリフを彼が合計三度口にすると、それに該当する決闘者は退場させられるケースもある。

【決闘専門医】

この決闘専門医（冒頭の図1で、決闘者双方の後ろに立っている白衣をまとった人物）が最低一人その場にいない限り決闘を行ってはならないということが規定で定められている。通常の場合は、それぞれの結社のための決闘専門医が二人その場で待機する。そして、これらの医者たちもまた、かつての決闘経験者でなければならない。医者は、顔か頭の斬られた刀傷の深さを判断し、その傷が浅ければ、決闘の続行を命ずる。逆に、決闘者の一方あるいは双方の傷が深く、決闘専門医が決闘の続行が困難であると判断し、ドクター・ストップとなった場合は、その場で決闘は終了となる。

五　メンズーアの会場と見物人

プロローグにあるように、この種の決闘を行う会場は昔から女人禁制である。結社会員はもちろんのこと、その他の見物人も基本的にはダーク系のフォーマルな服を着用し、ネクタイを締めて、決闘を観戦しなければならない。また、会場での飲食や喫煙は禁じられているし、携帯電話等の電源もあらかじめ切っておかなければならない。更に、決闘中の観戦者の私語は厳禁であり、会場での写真等の撮影も固く禁じられている。これまでも、日本のテレビ局が何度か取材を申し入れたが、その都度撮影を拒絶されたと聞いている。

なお、決闘をする学生結社の会員の推薦があれば、会員以外であっても、誰でもこの決闘を見学することができたし、今でもそうである。ただし、男性に限られているが……。

コーア・レノ・ニカーリアに新入会員として迎え入れられてから間もなく、私はこの決闘をハイデルベルクの近郊ではじめて目にする機会にめぐまれた。まさに、自分の人生観と世界観を一八〇度変える、生まれてはじめての衝撃的な体験であった。

早稲田大学を卒業後、コンラート・アデナウアー財団の奨学生として当時マンハイム大学に留学中だった神津朝夫《こうづあさお》さんと私は、親友のアレクサンダーに誘われて古めいた城の地下室へ連れていかれた。神津さんは、およそ、決闘には無縁の、上品な青年であった。目の前に展開する光景に私たちは思わず目を疑った。そして、いったいその場で何が行われているのか、私も神津さんもまったく理解できず、しばらく唖然《あぜん》としていた。二人の若者が真剣を振りまわして、激しく打ち合っている。

「中世ならまだわかる。しかし、今は二十世紀だ。みんなどうかしている！　冗談じゃない！　早めに退会した方が賢明だ！　時代錯誤も甚だしい！」

と心の中で呟いていると、私の隣で見ていた大柄なドイツ人が顔を押さえて急にうずくまった。見ると、剣の刃先が頰に突き刺さり血を流している。目の前の決闘者の剣の刃先が欠けて飛んできたのだ（このタイプの決闘では、決闘者双方が激しく打ち合うため、剣の刃先が欠けて、見物人めがけて飛んでいくことがよくある）。

そうこうするうちに、一方の決闘者の頰に相手の剣が命中し、一瞬にして頰に傷口がパクッと開いた。大量の血が流れ落ちてきて、ぽっかりと開いたその傷口のむこうになんと歯が見えたのだ。私は思わず「うっ」と叫んで、目をそらした。私の後ろに立っていた神津さんを見ると、顔面蒼白《そうはく》になって、その場にしゃがみ込んでしまった。それは、我々二人の日本人が想像もしていなかった信じがたい光景であった。私は、絶対見てはならないものを見てしまったと思った。まさに、言語を絶する異様な光景、いや、この世のものとは思えない異次元の世界だ！　それから約一年後、自分自身がこの舞台に立つことになるとは……。

六　決闘にいたるまでの経緯

私が学生結社に入会するきっかけについては、この章の冒頭で述べたが、ここでは、はじめて衝撃的な決闘を見てから、自身の最初の決闘に至るまでの経緯について少し触れておきたい。四五〜五〇ページをもう一度ご覧いただきたい。ドイツ国内には決闘をする学生結社が約四〇〇団体存在し、その中の主なグループとして、コーア、ブルシェンシャフト、ランツマンシャフト（同郷人会）、トゥルナーシャフト（体操連盟）という四つの学生結社組織があることは、すでに眺めたとおりである。その中でもブルシェンシャフトは、もともとは愛国主義的な学生団体として誕生したが、一方コーアは、創設当初から自由主義とコスモポリタニズムを理想に掲げていた（四二ページ参照のこと）。その原則は、現在も受け継がれ、コーアはドイツ人以外の外国人に比較的開かれた学生団体なのである。例えば、コーア・レノ・ニカーリアを例にとれば、東洋人としては、私がはじめてであったが、イギリス人、イタリア人、グアテマラ人といった外国人が、極めて少数ではあるが会員としてすでに名を連ねていた。したがって、私を勧誘したアレクサンダーがもし仮にブルシェンシャフトの会員であったとしたら、私が学生結社に入会することも、ましてや決闘をすることもなかったであろう。

新入会員としての日々の生活でも、会員たちは皆、私が外国人だからといって特別な扱いをせず、「一兄弟」として私に接してくれた。もちろん、はじめての東洋人ということで興味津々という雰囲気はあったが、彼らは努めて自然に振る舞ってくれたため、私は彼らと居心地のいい時間を共有できた。そんなある日、アレクサンダーの最初の決闘の日が決まった。その日が近づくにつれ、さすがに彼の顔から余裕の笑顔が消え、彼は次第に無口になっていった。誰もが抱く独特の緊張感と不安、恐怖感、それらと彼も懸命に戦っているのだ。誰も助けてはくれない。それを思うと、彼の決闘前夜、私は一睡もできなかった。おそらく、彼自身もそうだったに違いない。

いよいよ決闘が始まった。アレクサンダーは、普段の練習からは想像できないくらい巧みに剣を操った。八ラウンド目に相手の額から、一五ラウンド目にはアレクサンダーの頭からスーッと一筋の血が流れ落ちたが、決闘は続行された。自らの流血に気づいても、アレクサンダーはどこまでも沈着冷静に戦いを進めた。中盤以降、彼はかなりのスピードで剣を動かして攻撃したため、相手は防戦するので精一杯であった。二一ラウンド目に再び、アレクサンダーの剣が相手の頭を捉え、決闘医が傷口をチェックするが、戦いは続行。結局、二五ラウンドまで双方ムッケンすることなく戦い抜いた。すばらしい決闘だった。観客は全員片足で床を踏み鳴らして、二人の決闘者を褒め称えた。

この日を境にアレクサンダーは、明らかに人が変わった。もちろんいい意味でである。それまで、やや猫背気味だった彼は、胸を張って歩くようになり、ボソボソと小声で話していたのに、ハキハキと話すようになった。何よりも、それ以後の彼のすべての言動が、自信に満ち溢れていた。このアレクサンダーの変貌ぶりに、私は深い感動を覚えた。一人の若者が、メンズーアという体験を通して、これ程までに成長するのか！　アレクサンダーの決闘を機に、私は決闘への決意を固めていった。

一方で、親友アレクサンダーや新入生世話係であったマティアスをはじめ、他の結社仲間たちと付き合ううちに、この連中とは一生つきあっていきたいという気持ちが日増しに強まっていき、生涯にわたる兄弟の証しとして、メンズーアはどうしてもやり遂げなければならない、いや、やり遂げたいという思いが、時の経過とともに沸々と湧《わ》いてきたのも事実であった。

ところで、このようにして、ドイツの学生結社にどんどんのめり込んでいった私を、周囲の日本人たちはいったいどのように思っていたのであろうか。現在、兵庫県篠山《ささやま》市で有名な老舗《しにせ》料理旅館「潯陽楼《じんようろう》」を営む藤井恵一《ふじいけいいち》氏は、私の大学の後輩で、私より一年遅れてマンハイム大学にやってきたが、留学当時の私をよく知る仲間の一人である。藤井氏は当時を振り返り、次のように述懐する。

「菅野さんが、ドイツで学生の秘密結社に入ったらしい。そこで親分子分の盃《さかずき》を交わし、結社同士の抗争の際には、決闘をするそうだ……これが、留学を控え、まだ日本にいた私に伝わってきた菅野先輩の近況でした。直感的に、やばいなあ……と思いました。そこで、私は、留学したら、菅野先輩には極力会わないでおこうと思っていたのですが、いざ留学すると、何と先輩と同じ学生寮の、しかも同じフロアに住むことになり、万事休すでした。ある時、ただでビールが飲めるという先輩の一言に負け、コーア・レノ・ニカーリアへ見物に出かけました。しかし、想像していたのとは大違いで、コーアの会員は、皆親切でやさしく、部外者である初対面の私にも、旧来の友達のように接してくれ、深く感動しました。その後、何度かそこを訪れるうちに、コーアの寛容の精神や生涯を通じての友情の原理に感銘を受け、学生結社の魅力にどんどん引き付けられていきました。しかし、コーアの会員になるための条件である決闘だけはやる気になれず、結局、私は、ヴィンゴルフという決闘をしない学生結社のメンバーになり、当時の菅野先輩の勧めのお蔭で、現在でも様々な結社の会員と世代や国を越えた貴重な交流を続けております」

かくして、土日以外はほぼ毎日メンズーアの練習にあけくれていた私は、結社を代表して戦うにふさわしい戦士として認められ、いよいよ最初の決闘の舞台に立つことになった。もちろんその間にも、何度か会員のメンズーアに立ち会う機会があり、心の準備はできてきたと感じていたのだが、その日が近づくにつれ、なぜか、生まれてはじめてハイデルベルクの城の地下室で神津さんと見たあの凄《すさ》まじいシーンが、昼夜問わず、頻繁にフラッシュバックするようになっていた。私は、決闘当日まで、努めて平静を装ったつもりだったが、結社の仲間たちには見抜かれていた。どこへでもいいから逃げ出したい気持ちを。彼らもかつて味わっていた、言い知れぬ恐怖心を。結社の兄弟のうちの何人かは、いつもより自然と口数が少なくなった私の方に近づいてきて、そっと耳元でこう囁《ささや》いた。

「ミッチー、（決闘が）怖いか？（Hast du Angst ?）」

その度に私は毅然《きぜん》として答えた。

「いいや、ちっとも怖くないさ！（Ach, nein! Ich habe gar keine Angst!）」

メンズーアを前にしてのそのようなお決まりのやりとりを、幾度となく耳にしてきた私にはわかっていた。彼らのうちで、「怖い（Ja, ich habe Angst.）」と口にした者がそれまで一人としていなかったことを。そして、それが断じて言ってはならないセリフだということを。

私は自然にコーアのそうした風習にも従っていたが、そこには東洋人の男としての意地もあった。アレクサンダーを変えたメンズーアに興味を抱き、その神髄をおぼろげながら理解し始め、兄弟として受け入れられていく過程で築かれてきた、コーアの一員としての自負とともに、私は東洋人としての自覚と誇りも意識するようになっていたのである。今更、後には引けない。どんなことがあっても。何百年と続いてきたヨーロッパの決闘文化の本質を私が本当に理解し、どんなことがあっても「ムッケン」することなく戦い抜けるのかと疑っている者が、結社仲間の中に何人かいたことを、彼らの普段の何気ない言動から私ははっきり感じ取っていた。確かに当時の私は、メンズーアの歴史や意義を、まだ明確に理解していなかったが、それでもとにかく一年の間、誰よりも熱心に練習に打ち込んだ。絶えず忍び寄る不安と恐怖心を無理やりかき消すために。その結果、技術面においては、剣術師範からもお墨付きをもらい、徐々にではあるが自信めいたものが私の中で少しずつ芽生えてきつつあった。

このような東洋人としての意地やコーアの一員であるという自覚の他に、もう一つ、私を決闘へと誘《いざな》った要因がある。それまでに柔道やアメリカンフットボールといった格技や闘争的スポーツの経験があった私は、この機会に自分を試してみたいと心のどこかでふと思ったのだ。ハイデルベルクではじめて決闘を見たあの瞬間にも、恐怖や嫌悪とは別の次元で、自分の中で実体のないまま醸成されつつあった武士道的エートスのようなものが覚醒し、蠢《うごめ》き始めたのである。

七　最初の決闘

一九八二年一月二十一日、決闘の当日、三〇分ほど車に揺られて会場に向かったが、その間、車内は極めて重苦しい空気に包まれて、私も含めて、同乗していた普段は陽気な仲間たちも一切ことばを発しなかった。会場は予想以上の人に埋め尽くされていた。四、五〇〇人はいる。その日の決闘は、通常より多い八組で行われた。高校生の時に経験した柔道の昇段試験の会場の雰囲気に似ていたが、規模が違った。控え室で決闘着に着替えている間も、「何でこんなところに自分はいるのか？　これは夢なのだろうか？」と、幾度となく思った。そして、ついにその瞬間がやってきた。

目の前にいる決闘の相手は、私と身長がそれほど変わらない、ドイツ人としては小柄な方であった。先に触れた剣術師範からの情報をもとに結社間の事前の会議で、テクニック、パワー、スピードにおいてほぼ同じレベルの相手をあらかじめ選定し、対決させるということは知っていたので、私はこの時点では意外にもまだ平静を保っていた。

しかし、決闘がいよいよもうすぐ始まるという段になって、今までに味わったことのない、どうしようもない恐怖心が私を襲い、剣を持つ手と足が同時に震え始めた。頭の中は真っ白。のどはカラカラ。おそらくは顔面蒼白。震えがますます激しくなっていく。水の中に潜った時のように、ほとんど何も聞こえない。

間近にいるセコンドの、

「剣を構えて！　用意！　始め！」の声が、はるか遠くから聞こえてくる感じだ。私は無我夢中で剣を振りまわした。相手など見ていられない！　カンカンカン……ビュンビュン……とにかく必死だった。第一ラウンドは終わった。このラウンドのことは今日でもほとんど思い出せない。やったあ！　どこも斬られていない！　とこの瞬間思ったことだけは、覚えている。手の震えはなくなったが、足の震えはまだ収まらない。第四ラウンド目あたりから少し落ち着いてきたし、身震いも消え去った。気が付けばもう一三ラウンドを終え、三分間の休憩に入った。

セコンドが、

「お前は勇敢だ！　ここまできたら何が起こっても俺たちは誇りに思う」

と叫ぶと、テスタント（介添え係）が、

「ミッチー！　何があったんだ。練習の時より数段動きがいいぞ！　さすが、日本の侍だ！」

と励ましてくれた。きっとお決まりのセリフなのだろう。それでも、そう言われると気分は悪くない。落ち着いて周囲を見渡すと、ＯＢを含めた結社の仲間たちが、何十人も遠くから戦いを見守ってくれている。急に気持ちが和らいできた。と同時に、

「最後まで戦ってやる！」という闘争心が沸々と蘇《よみがえ》ってきた。休憩が終わり、いよいよ後半が始まる。相手が攻撃のテンポを急に上げてきたが、私は冷静に対処した。第一六ラウンド目、私の額の左上に、猫に引っ掻《か》かれたような軽い痛みが走る。

「ヤバイ！　やられた！　終わりだ！」

と一瞬思ったが、それほど痛みが増してこない。少しヒリヒリするぐらいだ。

「生まれてはじめて刃物で傷を負う感覚はこれか！　何だ、この奇妙な痛みは？」

と思う。しかし、案の定、決闘医が私の傷を診に来る気配はまったくなかった。相手の剣が私

の額をかすめただけにちがいない。額から生温かいものも流れてこない。

二〇ラウンド目、私の剣が相手の頭を捉え、彼の髪の毛が何十本もばさっと床に落ちるのが見えた。私の方が驚いた。しかし、斬ったという手ごたえはない。本音を言えば、ホッとした。不思議な気持ちだったが、斬るより斬られる方がまだましだと、その時思った。

決闘医が駆けつけて彼の頭を覗《のぞ》き込んだが、そのまま引っ込んでいった。軽傷だったのだろう。二二ラウンド目、今度は私の頭に軽い痛みが走ったが、さっきと同じくらいの痛みだったので、どこか心に余裕があった。流血も思ったほど多くない。冷静な自分がいた。

そして、いよいよ最終の二五ラウンド目、最後の力を振り絞って剣を振りまわした。何も考えずに。そして、終わった。私はただただ茫然《ぼうぜん》とその場に立ち尽くした。相手もそうだった。

何とお互い頭と顔に軽傷を負っただけで、一針も縫わずにすんだのだ。

「奇跡だ！　信じられない！」と私は心の中で何度も呟いた。おそらくは相手もそう思っているだろう。

プロローグでも触れたとおり、この最初の決闘の相手こそ、私の二回目の決闘の直後に私の傷を心配して駆けつけてくれたあのシューベルトに他ならない。

八　実際の決闘の流れ

最初の決闘の時には無我夢中で手順のことには思い至らなかったけれども、決闘の流れには厳密な取り決めがあった。次にこの決闘の実際の流れと具体的作法、規則を、私の最初の決闘にあてはめ、紹介したい。

（一）決闘のアナウンス

一方のセコンドが、まず、例えば次のようなアナウンスを行う。

「立会人殿、私は、尊敬する学生結社トゥルナーシャフト・フリデリツィアーナのシューベルト氏と私の結社の兄弟ミッチー菅野とのこの決闘において、二五ラウンドの間、あるいは、両者のどちらかが刀傷を負って決闘続行が不可能になるまでの間、全員静粛にしていただくようお願い申し上げる。敵方と協力して、前半は私が指揮をとることをご了承いただきたい。各ラウンドの私の号令は、『剣を構えて…（Auf Mensur...）、用意…（fertig...）、始め！（los !）』とさせていただく」

それに対して、立会人はこう答える。

「決闘の間は皆様ご静粛に！　前半の号令は、私の左側（右側）のセコンドの方がかけられる。それでは両者の距離を測ってください」

一方のセコンドがもう片方のセコンドといっしょに、決闘者双方の胸に水平に剣をあてて距離を測り、両者を対峙させる。一方のセコンドの号令に従って、儀礼的に決闘者双方が剣を互いに軽く十字に打ち合わせる「名誉（儀礼）のラウンド」（Ehrengang）の直前に、決闘者双方の頭にそれぞれの結社のシンボルカラーが施された帽子がかぶせられるが、剣を打ち合わせた直後に再び帽子は取り去られ、一方のセコンドの「Auf Mensur...... fertig...... los !」の号令で、いよいよ真剣による決闘の本番が始まる。緊張の一瞬である。

（二）攻撃と防御

各ラウンドで打ち合い（斬り合い）を開始する時の両者の構えは、図8の左側および図9のように、一方の決闘者Aが、剣の握りの部分が頭上にくるように、防具をつけた右腕を自分の右の耳にくっつけるように上方に伸ばし、剣の刃先を四五度にして斜め前方に垂らす。「突き」は禁じられているわけだから、この構えにより、理論的には敵の攻撃をすべて防御することができる。しかし、剣の動きが一秒以上停止すると失格になるので、結局は激しい斬り合い（剣による叩き合い）となる。このガードの構えから、決闘者Aが相手（決闘者B）に剣を素早く打ち込むことで打ち合いが始まる。

もう一方の決闘者Bは、やはり、剣を持った右腕を自分の右の耳にくっつけるように上方に伸ばすが、決闘者Aの構えとは違い、手首も腕も肩も垂直に上方に伸ばして、剣の刃先をまっすぐ上に向ける（図8）。この構えにより、理論的には、自分の顔と頭の右側を防御することができるが、左側は防御できない。ラウンド開始と同時に決闘者Aが打ち込んで（斬りつけて）くるので、それに備えて決闘者Bは、この構えから、素早く剣の刃先を垂らして、決闘者Aがとっていた最初のガードの構えをとる。これを交互に五〜六回ずつ繰り返す。つまり、五〜六回ずつ打ち合うのである。

自分の頭と顔の右側は、右利きの場合、防具をつけた右腕で絶えず保護されているため、この部分に刀傷を負うことはあまりないと言ってよい。したがって、斬られる可能性の最も高い

図８　防御と攻撃。左側（決闘者Ａ）右側（決闘者Ｂ）

（正面）　（側面）

図９　防御の構え

部分は、双方が右利きの場合は、自分の頭と顔の左側、相手の頭と顔に向かって右側ということになる。双方が左利きの場合は、いうまでもなくこの逆である。決闘を行う前に、あらかじめ二人の決闘者がそれぞれ所属する学生結社の決闘責任者同士が話し合うので、右利き対左利きというケースは極めて珍しい。

(三) 各ラウンドと休憩時間

先のセコンドのところですでに述べたように、相手の決闘者が決闘規定に違反したと判断した場合、また、味方の決闘者が負傷したり、あるいは、双方の決闘者がそのラウンドの規定の回数を打ち合ったと判断した場合など、全身防具に身を包んだセコンドは、身体ごと割って入って各ラウンドを終了させることができる。その際、セコンドは立会人に対して、自分が決闘を中断させた理由を言わなければならない。ほとんどの場合、セコンドの主張は認められ、それで、そのラウンドは終了する。一五ラウンド目が終わると少し長めの休憩時間があり、一六ラウンド目から、号令をかけるセコンドが交代する。

各ラウンドが終了すると、次のラウンドまで約一五秒間の休憩がはさまれ、この間に、先に述べたテスタントと呼ばれる介添え係が、味方の決闘者の剣を消毒し、決闘者の腕のマッサージをしながら、励ましたり、アドバイスをしてよいが、この介添え係以外の者が決闘者に触れたり、話しかけたりすることは固く禁じられている。

（四）決闘の終了

決闘者双方とも運よく、縫う必要のない軽い負傷ですみ、決闘規定に違反することもなく最終ラウンドまで戦い終えれば、その決闘はもちろん有効なものとして認められ、会場の見物人は、拍手の代わりに、片足で床を踏み鳴らし、その決闘を褒め称える。

しかし、例えば、八ラウンド目で、どちらか一方の決闘者が頰を斬られたとしよう。斬られた方のセコンドは、ただちに決闘を中断させ、その旨を立会人に伝える。立会人は、その場に控えている決闘専門医を呼び、傷の具合を確かめさせる。その医者が、その刀傷を診て、縫う必要がないと判断した場合は、短い休憩をはさんだあと、九ラウンド目となりそのまま続行される。

プロローグで眺めたように、決闘専門医が、傷口を診て、決闘続行不可能と判断した場合は、立会人が、「刀傷のため退場！（Abfuhr auf Schmiss !）」を宣言し、その決闘は終了する。

（五）反則した場合

① 決闘者が決闘規定に違反した場合

決闘者が定められている決闘のルールに違反し、相手のセコンドかテスタントから立会人にそれに関する抗議・質問があり、立会人がこれを認めた場合は反則とみなされ、「注意」が言い渡される。反則に対しては、「注意」と「警告」の二種類があり、「注意」が三回におよぶと自動的に「警告1」となり、その後更に二回の「注意」が言い渡されると、「警告2」になり、更に一回「注意」で「警告3」となる。つまりは、「注意」が六回累積すると「警告3」となる。この「警告3」が立会人より言い渡された場合、それに該当する決闘者は即刻退場となり、その決闘者の決闘そのものが無効になるが、もう一方の決闘者の決闘は有効なものとして認められる。退場を命じられた決闘者は、後日もう一度別の相手と反則のない決闘を行い、失った信頼を回復するしかないが、そのまま結社を脱会する者もいる。

決闘者の反則行為とは例えば次のようなものである。

・決闘者がそのラウンドの最中にしゃべった。
・決闘者が「始め！」の号令の前に剣を動かした、あるいは「始め！」と言われても剣を動かさなかった。
・決闘者が「ストップ！」の後も攻撃を続けた。
・決闘者が防御する一方で、まともな攻撃をしなかった。
・決闘者が、相手の攻撃をかわすため頭を左右や後ろへ動かした。
・決闘者が後ずさりするか、前に出た。
・決闘者が上体を左右前後に動かした。

このような場合、双方のセコンドと立会人は例えば次のようなやりとりをする。

セコンドA：「ストップ！」（と言いながら、身体ごと入れて決闘を中断させる）
セコンドB：「立会人殿、なぜストップですか？」（ヘルメットをとって尋ねる）
セコンドA：「相手の決闘者がほとんどまともな攻撃をしてこないからです、立会人殿」
セコンドB：「そうですか、立会人殿？」

立会人：「A氏の言うとおりである」
セコンドA：「それでは相手の決闘者に注意を要求します」
立会人：「決闘者Bに注意を与える」

② セコンドが決闘規定に違反した場合

これと同様に、セコンドやテスタントが決闘規定に違反し、反則したと立会人が認めた場合も同じ処置がとられる。例えば、次のような場合はセコンドの決闘規定に対する反則とみなされ得る。

- 正当な理由なしに「ストップ！」と叫んだ。
- 正当な理由なしに身体ごと割って入って決闘を中断させた。
- ラウンドの最中に自分の剣の先を床につけていなかった。
- 所定の位置にいなかった。

立会人とセコンドのやりとりは、例えば次のような形でなされる。

セコンドA：「ストップ！」
セコンドB：「立会人殿、なぜストップですか？」
セコンドA：「ラウンドの規定の回数を打ち合ったからです、立会人殿」
セコンドB：「そうですか、立会人殿？」
立会人：「そうではない」
セコンドB：「それでは、相手方に注意を要求します」
立会人：「セコンドAに注意を与える」

決闘者の場合と同様に、セコンドも合計六回の「注意」を受けると、自動的に「警告3」となり、即刻退場となる。

(六) 決闘の評価

決闘者が所属する結社の仲間の会員たちは、決闘が開始されてから終了するまで味方の決闘者の左前方に陣取って戦いを見守る。彼らが直接味方の決闘者とコンタクトをとることも、話しかけることも許されない。決闘終了後（ただし、三人の会員から要請があった場合は決闘の途中に）、ただちに、決闘者と新入生を除く正会員によってＭＣ（決闘に関する緊急会議）が開かれ、まず味方の決闘者の決闘が有効か無効かの決定がなされ、それから総合的な評価が話し合われる。評価の議題は以下の三つからなる。

①　道徳的・精神的評価：決闘者が決闘のモラルに従い、精神的な強さをもって、勇敢に戦ったかどうかを評価する。
②　技術的評価：決闘者の決闘の技術が高いものであったかどうかを評価する。
③　その他の評価：例えば、敵の決闘者の道徳的・精神的な面を評価したり、味方のトレーニングが十分なものであったかなどを議論する。

ここで一番重要なものは、①の道徳的・精神的評価であることは言うまでもない。決闘者への評価は最終的に以下の四つの段階に分けられる。

Ａ　有効

B　（軽い叱責《しっせき》を伴う）有効
C　（重い叱責を伴う）有効
D　無効

次のような場合、その決闘は無条件に無効になる。
①　味方の決闘者が、「ムッケン」をした場合
②　味方の決闘者の剣の動きが三回完全に停止した時
③　味方の決闘者が、練習時より極端に調子が悪く、敵の決闘者に比べてはっきりと見劣りする時

①②の場合は、その決闘は即刻中止となるが、③の場合、戦いの途中であっても、結社の決闘の責任者である副会長はただちにその場に居合わせる正会員を招集し、結社の名誉にかけて、その決闘をやめさせるかどうかを決定しなければならない。いずれにせよ、決闘が「無効」になった場合には、それに該当する決闘者は、しかるべき場所と日時を定めて、もう一度改めて同じ相手と決闘を行い、「有効」な決闘として結社から評価されなければならない。この種の

決闘を「みそぎ（お清め）の決闘（Reinigungsmensur）」と呼ぶ。特に、「ムッケン」による決闘の無効は、結社にとっても最大の屈辱であり、それによってその決闘を無効とされた決闘者は、「みそぎの決闘」を勇敢に戦い抜くことで、失われ、そして汚された自分自身と結社の信望と名誉を取り戻すしかないのである。しかし、この「みそぎの決闘」でも、その決闘者が再び「ムッケン」した場合、彼はその結社から除名されることになる。

また次のような場合、その決闘は有効であるとみなされる。ただし、その際、正会員の三分の二以上の承諾が必要である。

- 敵の決闘者が負傷し、戦いを続行することが不可能になったり、どちらか一方が重傷を負ったような場合（ドクター・ストップがかかり、それ以上の戦いが無理であると判断された時）。
- 第七ラウンド終了後、敵の決闘者がたじろいだりして、敵の結社が会の名誉にかけてその決闘をやめさせる決定を下した場合。

九　決闘に用いる剣

決闘に用いられる剣が生命を脅かす武器＝殺戮《さつりく》用の武器にならないために、決闘規定の中では剣に関しても細かい規則が定められている。

決闘に用いられる剣は諸刃《もろは》で、今日では、「グロッケン・シュレーガー」（Glockenschläger）と「コルプ・シュレーガー」（Korbschläger）の二種類のみである。図10のAの剣は、柄（握り

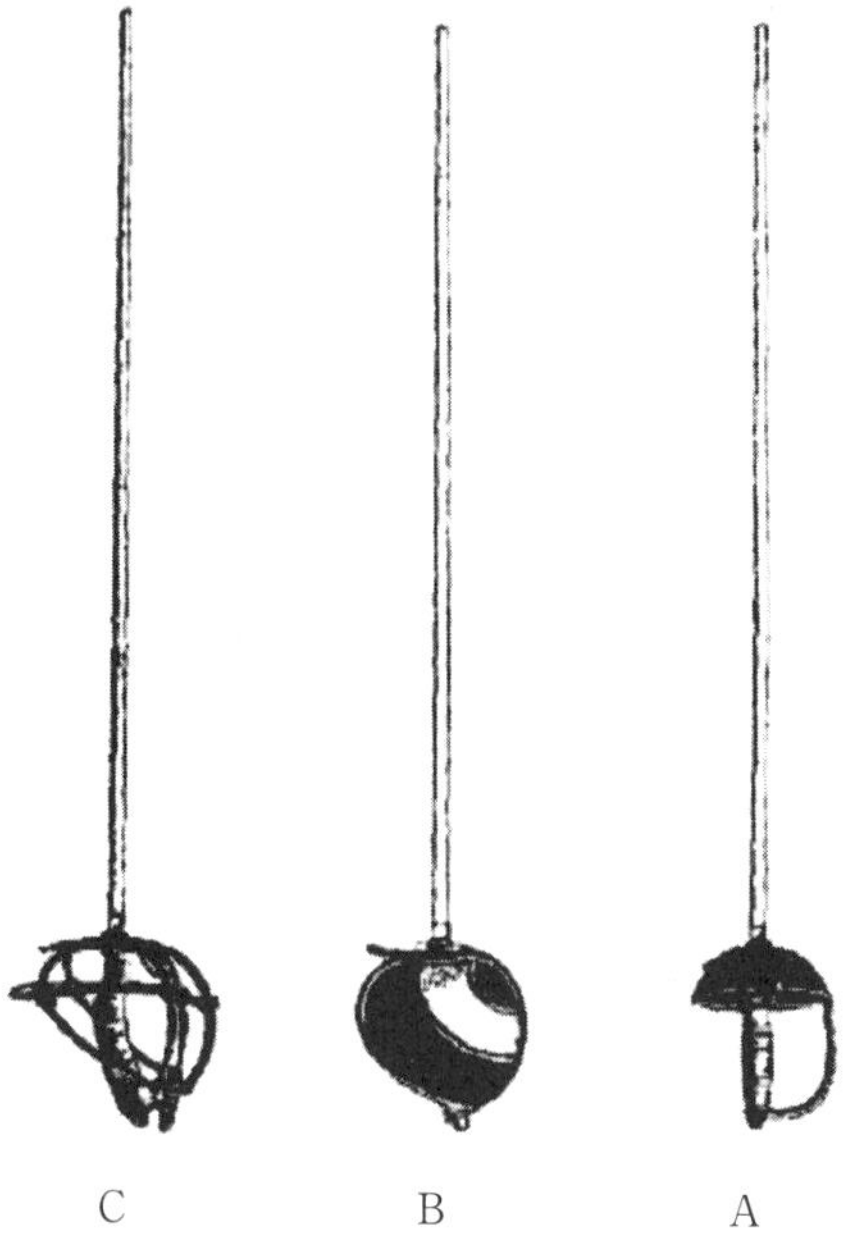

図10　決闘に用いる剣

A　グロッケン・シュレーガー（Glockenschläger）
B　コルプ・シュレーガー（Korbschläger）
C　練習用の剣

ている。このように呼ばれてい
る。刀身（刃の部分）の長さは通常九〇センチ程度で、刃の先端から半分以上は鋭利になって
いるが、先端部分は丸くなっている。刀身の横断面は楕円《だえん》形で、剣の重さは、「コルプ・シュ
レーガー」より軽めで、刀身はより弾性に富む。この剣が用いられているのは、ベルリン、ラ
イプツィヒ、ハレなどの一部の地域に限られており、ドイツ国内のほとんどの大学町では、次
の「コルプ・シュレーガー」を用いた決闘が行われている。

図10のBの剣は、柄を全体的に覆う大きめの鍔の部分が、「かご」（コルプ＝Korb）の形状を
しているため、「コルプ・シュレーガー」と呼ばれている。剣を持つ手の負傷を防ぐためのこ
の「かごづか」の大きさは、幅二五センチ以内、高さ一五センチ以内のものと、決闘規約で定
められており、またこの部分には各結社の三色のシンボルカラーが施されている。剣の柄＝握
りの部分は一五センチ、刀身の長さは八二～八八センチで、幅は一～一・五センチ、厚さは約
二ミリである。刃の先端の部分は、幅が九ミリ以上という規定があるが、これも、「突き」に
よる負傷を防ぐため、鋭利ではなく、丸くなっている。刀身だけの重さは、二五〇～三五〇グ
ラムで、剣全体の重量は、八〇〇グラム前後になるが、片手で十分振りまわせる重さだ。地域
によって異なるが、やはり刃の先端から半分くらいが鋭利な部分である。

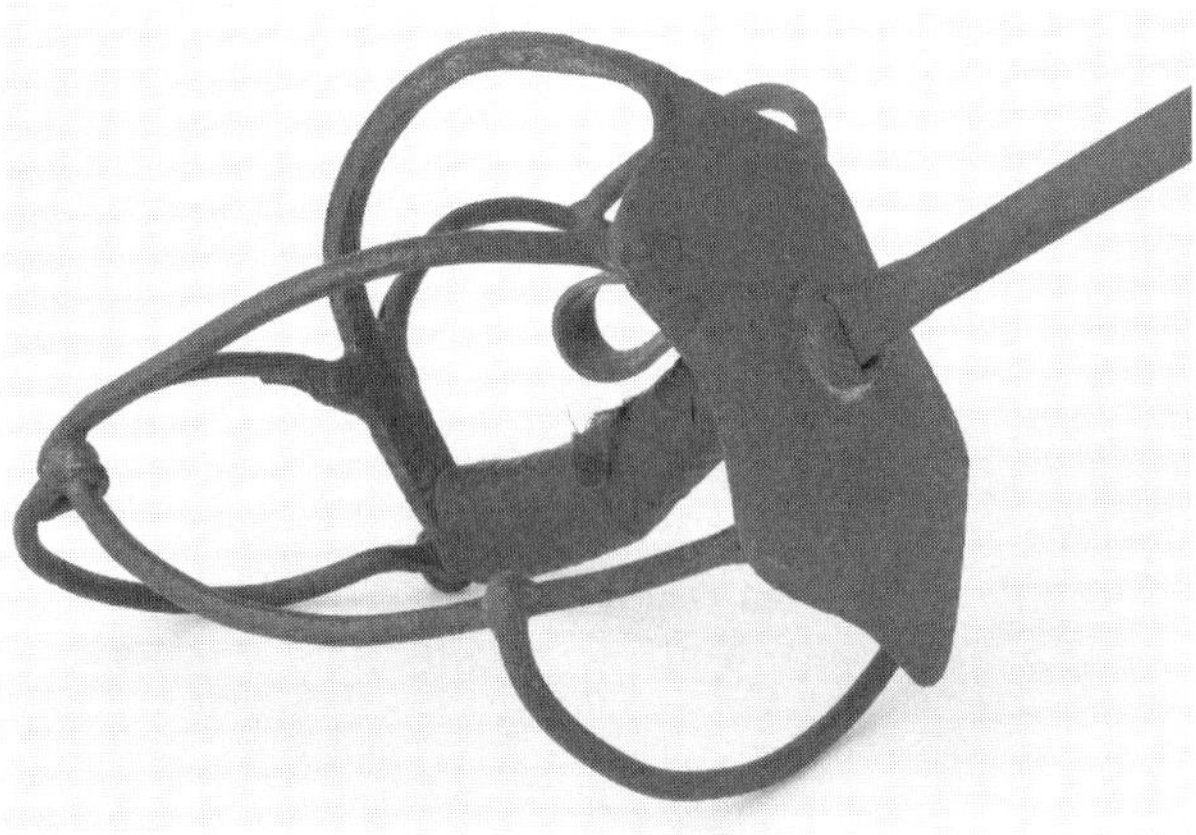

図11　剣の柄（握りの部分）

図10のCは、練習用の剣で、刃は鋭利ではないが、柄（握りの部分）は、本番用のAとBもこれと同じ作りになっている。柄は、通常は木製で、滑り止め用にその上に薄いなめし革の編み紐が巻かれてあるが、左側の一番上の部分は少しくぼんでいる。右利きの場合は、このへこみの部分に右手親指の腹の部分を押し当て、右側の上の部分にくっついている小さな円状の革製の紐に右手人差し指を通す。残り三本の指で握りの部分全体を軽く握る（図11）。握りの部分の左側に親指を押し当てない方が剣は動かしやすい。しかし、もし親指を当てなければ、本番で相手の剣が打ち込まれた時、その衝撃に耐えられず、相手の剣を止めたはずの自分の剣が押し戻され、刀傷を負う可能性がある。それを防ぐために親指を押し当てるので

ある。試していただければわかることであるが、人間の親指の力は思いのほかに強い。また、人差し指を小さな円状の革紐に通すのは、同じく、相手の激しい攻撃で自分の剣が下へずり落ちたりしないようにするためである。

「グロッケン・シュレーガー」にしろ、「コルプ・シュレーガー」にしろ、剣の重心は、刀身と柄の接合部分、つまり、刀身の付け根あたりが理想とされる。重心が前にありすぎても、後ろにありすぎても、その剣を操る者の腕と手首により多くの負担をかけることになる。多くの剣は、剣闘者に余計な力を使わせないようなバランスのとれたものになっているのだ。

ベルリンのとある学生結社を訪れた際に、グロッケン・シュレーガーを握らせてもらった。振りまわしてみると、使い慣れたコルプ・シュレーガーより軽くて、動かしやすく、より実戦的な武器という感じがしたが、鍔の部分が小さいので、防御の技術もより一層求められるという話であった。

一〇 メンズーアの種類と本質

これまで、不安と恐怖心を克服して、決闘の規則を遵守しながら騎士のように正々堂々と戦うというメンズーアの高貴な精神性を強調してきたが、メンズーアは、真剣を用いるが故に肉体を傷つける暴力的行為であり、高潔かつ洗練された側面とは対照的な粗野で残酷な側面も併せ持っていることを忘れてはならない。まさに「高貴なる野蛮」と呼ばれる所以《ゆえん》である。特に、以下に述べる個人的決闘と団体戦の風習には、この後者の側面を感じずにはいられない。

（一）PC＝個人的な決闘とPP＝結社団体の決闘

ドイツ語圏の学生結社で行われている決闘（メンズーア）は、次の三つの種類に分けられる。

A　それぞれの学生結社の正会員になるために義務づけられた決闘

B　A以外に個人的に決闘を申し込んで行われる決闘（PC）

C　それぞれの結社を代表する四～五名同士による団体戦（PP）

これまで述べてきたのは、すべて、ある学生結社に所属する者が他の学生結社に所属する者と、それぞれの結社を代表して一対一で剣を交えるAの「義務づけられた」決闘であり、決闘をする学生結社のほとんどは、それぞれの会員に三回決闘をすることを義務づけている。私も含めたほとんどの会員はこれ以上の決闘を敢《あ》えてやろうとは思わない。

ＰＣ（Persönliche Contrahage＝「個人的な決闘の約束」）は、「義務づけられた」決闘に飽き足らない者が、自分が所属する結社の名声と、他ならぬ自分自身の男としての声望を高めるために、他の学生結社の会員に決闘を申し込む。理由は何でもよい。申し込まれた方がそれを拒絶することはまずない。その後、双方の話し合いにより、決闘の日時と場所が定められるわけであるが、お互いの意地とプライドをかけたこの自己の責任において行われるＰＣは、「義務づけられた」決闘よりもはるかに壮絶な斬り合いになることは必至である。

俗にＰＰと呼ばれる決闘は、例えば、柔道で言えば団体戦にあたり、それぞれの結社を代表する四〜五名の決闘者が互いに剣を交えるのだ。二つの結社間で行われるこの特殊な決闘形態ＰＰ（団体戦）は、十八世紀中ごろドイツに登場し、その後、個人同士の決闘と並行して発展していった。十九世紀に入るまでドイツ語圏の大学町に点在していたのは、学生同郷人会（ランツマンシャフト）と呼ばれる学生団体（四一ページ参照のこと）であり、この学生同郷人会こそが、現在のドイツ語圏に存在する様々な学生結社の直接的な祖先なのである。すべての同郷人の固い団結と助け合いを目的として活動していたこの学生同郷人会に入会することは、当時の学生にとっては当たり前のことであった。

例えば、デュッセルドルフやケルンなどの町があるヴェストファーレン地域出身のある学生が、故国から遠く離れたイェーナ大学にやってきたとしよう。彼は即座に、イェーナにあるヴェストファーレン地域出身の学生だけで構成されているヴェストファーレン学生同郷人会に入会した。同様に、ザクセン地域出身の学生は、ザクセン学生同郷人会に、また、ラインラント、プファルツ、アルザス、シュヴァーベンなどの地域出身の者は、モーゼル学生同郷人会にそれぞれ入会した。日本で例えるなら、京都の大学で学ぶ北陸出身の学生が集まって北陸学生同郷人会を形成したり、東京の大学で学ぶ関西出身の学生が、互いの絆を強めるために関西学生同郷人会を作って活動するようなものである。もっとも、現在では、このような同郷出身者だけで会員を構成する学生同郷人会はほとんど存在しない。

PPとは、ラテン語の pro patria の略であり、「祖国のために」という意味である。ドイツ人が「ドイツ」という統一国家の概念を意識するのは、十九世紀になってからのことであり、それ以前のドイツは大小様々な小国に分かれていた。それぞれの国に対する愛国心、それぞれの地域にたいする郷土愛＝愛郷主義は、我々の想像以上に強いものであったにちがいない。「祖国のために」とは「自らが育った国、地域のために」戦うという意味であった。

例えば、イェーナ大学に学ぶヴェストファーレン出身のある学生が、同じく当地で学ぶモーゼル出身の学生から、どこかの居酒屋で何らかの侮辱を受けたとしよう。自分の仲間が侮辱を受けたということは、ヴェストファーレン学生同郷人会が、つまりは、祖国が、郷土が侮辱を受けたに等しいことであった。そのような場合、ヴェストファーレン学生同郷人会は、自分たちの名誉を守るため、モーゼル学生同郷人会に対して決闘を挑み、後者もこれに応じた。そして、十九世紀に入り、これらの伝統的な学生同郷人会が大学という舞台から姿を消した後も、「同郷人のために」が「自分の結社のために」戦うという慣習に替えられて、そのまま存続し、現在に至っているのである。

ＰＣもＰＰも、義務ではない自由意思による決闘であり、その個人、あるいは、その団体の勇気と実力を実証し、声望と名声を高めるための手段であり、多分に「勲功をたてる」とか「功績を残す」というような意味合いが強い。

私が、学生結社コーア・レノ・ニカーリアの現役の会員であった時にも、このＰＰはたまに行われていた。ある時、私と同期で入会したアンドレーアスという新入会員が、彼のはじめて（一回目）の決闘の時に、決闘相手が決闘規定に違反する打ち方をして、アンドレーアスに傷を負わせた。我々は納得がいかないので、相手の結社の代表者にその旨を伝えたが、彼らは、あれはあくまでも反則ではないと主張した。緊急会議を開いてそのことを話し合った結果、我がコーア・レノ・ニカーリアは、長年の宿敵であるその学生結社にＰＰを申し入れた。相手方ももちろんこの申し入れを受け入れた。

ＰＰの当日は、一対一で行う普段の決闘の時以上に、異様な緊張感が漂っていた。腕に自信のある精鋭五人が、相手の結社会員五人と戦うのである。お互いの結社の名誉をかけての決闘であるため、予想どおりに壮絶な打ち合いとなった。剣の刃先は何度も折れたし、こちらも相手も全員、頭と顔が血だらけというまさに修羅場であった。これだけ激しく打ち合えば、もう恨みつらみも、どこかへ吹っ飛んでしまう。その夜の宴会の盛り上がりはというと、もう説明するまでもないと思う。

（二）決闘を二〇回やった伝説の男ハラルド

我がコーア・レノ・ニカーリアには、我々の兄弟であり誇りでもある、ハラルドというまさに伝説の男がいる。彼の名は、ドイツ中の学生結社の連中に知れ渡っている。彼は、コーア・レノ・ニカーリアで義務づけられた三回の決闘以外に、結社を代表して四回、更には個人的に申し込んで行われる決闘（ＰＣ）を何と一三回もやったのだ。ちなみに、あの鉄血宰相ビスマルクも学生時代に二〇回近く決闘をしたという記録が残っているし、昔の学生は、我々の想像を絶するほど実に夥しい数の決闘を行っていた。しかし、それは昔の話である。

二〇一三年現在、四十七歳になったハラルドは、決闘とはおよそ関係のないＩＴ関連のシステムエンジニアの仕事につき、現在、マンハイムから約七〇キロ離れたところにあるランゲンという町に、奥さんと三人の子供とともに暮らしている。彼の履歴と決闘歴を簡単に紹介しておきたい。

ハラルド・ブーフホルツ（Harald Buchholz）。一九六五年五月十日、歯科医の父と看護師の母との間に北ドイツのキールで生まれる。十九歳の時にドイツ海軍に入隊し、一年三か月間の兵役義務を果たす。一九八六年、二十一歳でマンハイム大学に入学し、経営学を学ぶ。学生寮に住み、いろいろな友人と出会うが、在学中に築かれた様々な交友関係が大学卒業と同時に雲散霧消するという先輩たちの現実を寮で目の当たりにする。

そんなある日、学食のテーブルで一枚の紙切れを目にする。それは、コーア・レノ・ニカーリアの新入会員を募るビラであった。「一人が全員のために、全員が一人のために」をモットーにしているような、卒業後もお互いにつきあいを深めていけるような友愛団体を密《ひそ》かに求めていた彼は、何の迷いもなくコーア・レノ・ニカーリアを直《じか》に訪れ、結社ハウスの玄関の扉を叩く。一九八八年十一月、二十三歳の時に新入会員として迎え入れられ、翌年に正会員となる。

そして、ハラルドは、一九八九年から二十九歳で大学を卒業する一九九四年までの五年の間に合計二〇回の決闘を繰り返すことになる。

ハイデルベルクに古くからある「シュノーケロッホ（Schnookeloch）」は、今日でも腕に自信のある強者《つわもの》たちが決闘相手を探しに集まることで有名な居酒屋（正確にはドイツ風料理旅館であるが、学生たちは手軽に酒を飲める居酒屋＝たまり場として利用している）であるが、ハラルドもよくここを訪れた。決闘に至るきっかけは何でもよく、酒に酔った勢いでちょっとした売り言葉に買い言葉で口論になり、「それじゃあ、決闘だ！」ということになる。

ハラルドも、ある晩にこの居酒屋である学生と口論になった。

「メンズーアが始まる直前には、いつも、自分がこの世で最も孤独な人間だと俺は感じる。戦う瞬間は一人っきりさ！　必死に剣をビュンビュン唸《うな》らせている間は……」

と、ハラルドが言うと、相手の学生はすごい剣幕でこう言い返した。

「違う！　孤独なんて感じるのはおかしい。仲間に支えられ、皆と一緒に戦っているという感じだ」

この口論で十分であった。ハラルドはその場で相手に決闘を申し込み、相手もこれをもちろん受諾し、二人は日を改めて決闘することになった。これはハラルドにとっては、八回目の決闘であったが、最初の個人的メンズーア（PC）となった。

この決闘は、最初から壮絶な斬り合いとなったが、七ラウンド目に、決闘巧者のハラルドの剣が、パワーでは彼をはるかに凌《しの》ぐ相手の左頬に命中し、その瞬間終了した。相手の頬には一二針の見事なシュミスが残った。ハラルドは、メンズーアに必要な最も大切な要素がパワーではなく、敵の防御の一瞬の隙をついて素早く剣を打ち込むという柔軟なテクニックであることを見事に証明してみせたのだ。まさにハラルドの圧勝だった。そして、ここから伝説の男の話が始まるわけである。

彼は、数年前にOBとして結社ハウスでいっしょに飲んだ時、この時のメンズーアについて私に次のように述懐してくれた。

「決闘をした後も、二人の意見は以前と何ら変わらなかったけど、自分の相手が、ある事柄を真剣に考え、自己の言葉の重みに責任をとるという姿勢を貫いたことをお互いに知ったんだ。決闘をしてまでも、自己の主張を曲げないことで、結果的にお互いがお互いを尊敬し、相手の存在を誇りにさえ思った。その後のメンズーアも、すべて、自分の意見と振る舞いの真剣さを証明するために役立ったよ」

その後の決闘はほとんど、ハラルドの噂を聞き知って、自分たちの腕を試したいと思った若き豪傑たちが彼に決闘を申し込み、彼もこれに応じるというものであった。

　彼の一七回目の決闘は、今でも学生結社の間で語り草となっている。相手は、宿敵のランツマンシャフト・トイトニア（ハイデルベルク）に所属する大男で、スピードとパワーではハラルドをも数段凌ぐという、これまで戦った相手の中では最強の難敵であった。相手のあまりにも凄まじい攻撃を自分の剣で何度も必死に受け止めた結果、二ラウンド目にしてすでにハラルドの剣を握る手の握力がなくなり、彼は、三ラウンド以降は手にテープを巻き付けて剣を固定して戦わざるを得ない苦境に立たされた。しかし、ハラルドのテクニックだけは相手を上回っていた。お互いに何か所も刀傷を負ったものの、かつてなかった程のそのハイレベルな戦いに、その場に居合わせた決闘専門医も思わずドクター・ストップをかけることができず、結局、そのまま何と最終ラウンド（三〇ラウンド）まで両者は戦い抜いた。どちらか一方の力量が少しでも劣れば、もっと早いラウンドで決着がついたであろう。あまりにもタイプの違う凄腕《すごうで》の二人が、敵の巧みな、あるいは、壮絶な攻撃に「ムッケン」することなく堂々と互角に渡り合ったこの決闘は、伝説の決闘として、学生結社の間では皆に知れ渡ることになった。

　彼の最後の決闘、つまり、二〇回目の決闘の相手は、過去に一三回も決闘を経験していた、ハラルドに勝るとも劣らない決闘巧者であった。前回の決闘で、この男は、相手に唇を斬られ、犬歯まで達する重傷を負っており、今回の決闘に雪辱を期していた。この向こう見ずな強者とは、文字どおり壮絶な戦いになった。ハラルド自身も、二度顔を斬られ、結果的に一八針も縫うことになる刀傷を負った。

ハラルドは二〇回の決闘を通じ、一〇か所に刀傷（シュミス）を負い、何と合計六三針縫った。彼にとってメンズーアは何を意味しているのか、私は以前一度彼に尋ねたことがあった。彼はこう答えた。

「メンズーアという極限状態の中で襲ってくる言いようのない不安と恐怖心に打ち勝つことで、自己の存在を証明することができた。危険極まりない状況の中で、冷静に頭を使って気持ちを制御し、行動することをメンズーアは俺に教えてくれた。二〇回のどの決闘も、自分の弱さと恐怖心を克服するという目標に一歩一歩自分を近づけさせてくれた。誰もが自分の言葉と行動に責任を持ち、誠実と忠節が最高の規範だった中世の騎士道の世界が俺の理想さ」

彼の理想は、モラルの低下、他者への冷淡さと無頓着に象徴される現代日本社会のまさに対極にあるように思われる。最近、ハラルドとメールでやりとりをした際に同じ質問をしてみると、彼は次のようなメールを返信してきた。

「親愛なるミッチー、妻と三人の子供に囲まれながら、仕事に追われる毎日だけど、今でも、メンズーアで夢中に真剣を振りまわしている瞬間の言いようのない生の喜びを感じたくてうずうずすることがあるよ。向こう見ずで何も考えずにメンズーアに集中できたあの若いころに戻れればと思う時がある。とにかく、メンズーアは、相手の剣で斬られることを覚悟の上で、平静を保ち、自己の信念に従って行動し、自己の言動に責任を持つための象徴的行為だ」

(三) メンズーアの本質

ここで再び下田次郎博士の著述を引用させていただきたい。氏曰《いわ》く、「……メンズールはスポートかといふにさうではない。對手の身體を劍で傷けて流血を見る如きは、スポートなるものではない。一種の撃劍で、スポート的のところもあるが、メンズールはメンズールで特有のものである」。メンズーアは、なるほど細かい規定に従って行われるわけであり、その限りにおいてはスポーツとみなし得るであろうが、勝ち負けがないという点と、他ならぬ真剣を用いるところにメンズーアのメンズーアたる所以がある。この極限状態においては、その個人の本質的な部分が否応《いやおう》なしに浮き彫りにされ、誰もそれを隠すことはできないし、何もごまかせないのだ。普段どれほど雄弁であろうと、寡黙であろうと、強気な言動を示そうと、弱気な態度を取ろうと、また、勉強ができようとできまいと、さらには、女性にもてようともてまいと、まったく関係なく、その人間の持つ人間性がメンズーアによってすべてあからさまになるのだ。

すでに述べたように、Mensur《メンズーア》には元来、「一定の距離（＝戦いの場）を測る」という意味がある。つまり、メンズーアとは、まさに「これを行ふ者の個性が最もよく分るもの」であり、自己と相手の本質を測り知るのに最適なものなのである。他ならぬこの点にこそ、メンズーアが時空を超えて多くの男たちを惹《ひ》きつけてやまない理由がある。

第三章　学生結社の日常

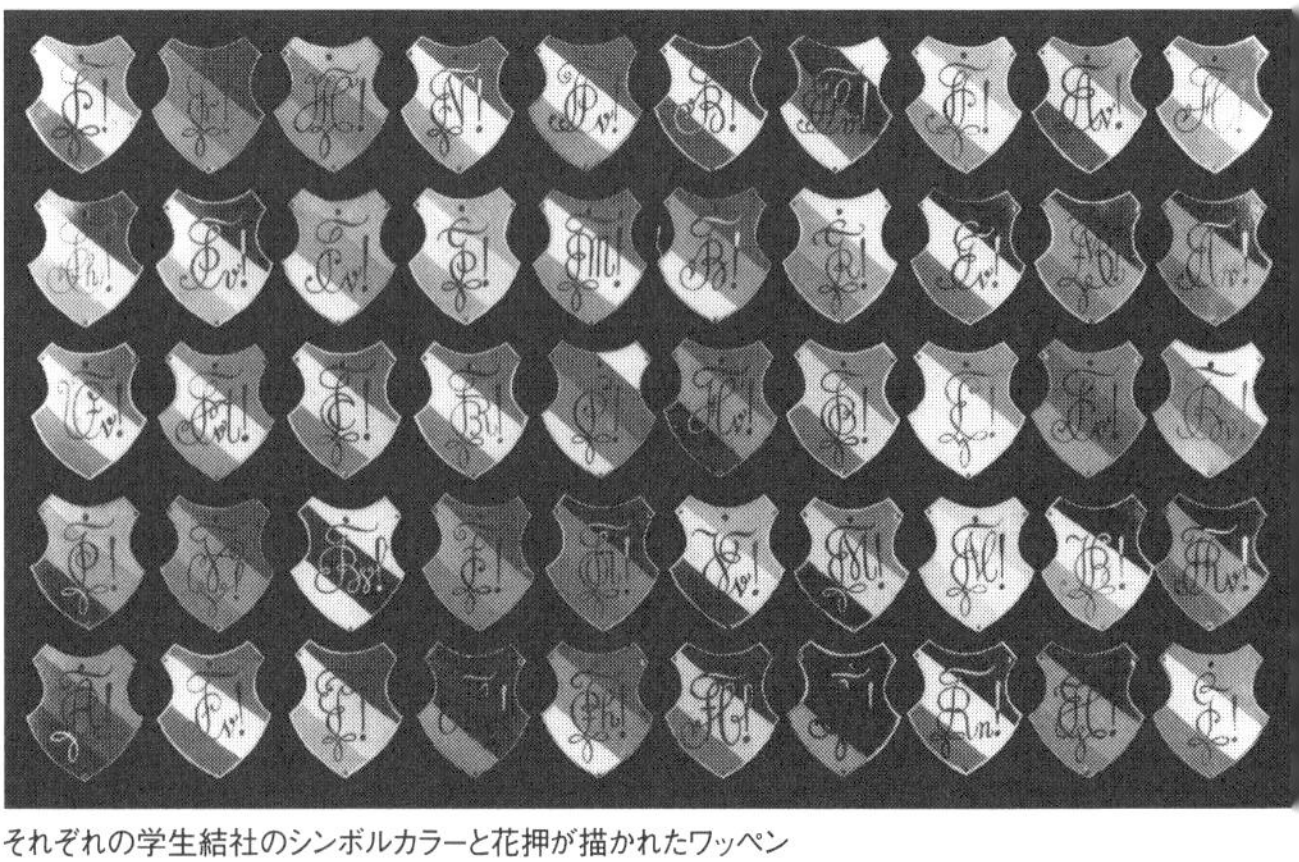

それぞれの学生結社のシンボルカラーと花押が描かれたワッペン

この章では、メンズーアを活動の中心に据える学生結社のメンバーたちが、どのような日常生活を送っているのか、その実態を具体的に眺めてみよう。

一　学生結社はどのような組織になっているのか

ここで、結社の組織、及び活動の原理を述べておきたい。ドイツの学生結社は次の四種類のメンバーで構成されている。

A　フクス（Fux /Fuchs）＝「まだ正式の会員とは認められていない、見習い中の新入会員」

B　ツェー・ベー（CB =Corpsbursche / Corpsbruder）＝「現役活動中の正会員」

C　イー・アー・ツェー・ベー（ｉａCB =Inaktiver Corpsbursche）＝「現役を退いた活動中でない正会員」

D　アルター・ヘア（AH =Alter Herr）＝「OB会員」

Aのフクスは、仮の入会をした新入会員のことで、まだ正式の会員ではなく、結社内での発言力や行動も制約されている。学生結社の活動を中心的に担うのは、Bのツェー・ベー（CB）である。義務づけられた決闘やその他の課題を克服した、結社の正式メンバーだ。Cのイー・アー・ツェー・ベー（iaCB）は、わかりにくいと思うが、結社の活動に積極的には関与しないが、まだOB会員と認められていない準OB会員のようなものである。Dのアルター・ヘア（AH）は、正会員たちとは別の独自の組織を持っていて、現役の正会員やフクスを経済的・精神的に支援し、結社内では強い影響力を持っている。年に何度か、現役の会員とこのOB会員による合同の会議や酒宴（伝統的な飲み会）が催される。

（一）幹部（Chargen）と会計係（Kassenwart）

それぞれの学生結社を運営・統率する幹部（Chargen）は、会長（Senior）、副会長（Consenior）、書記（Subsenior）そして新入生世話係（Fuchsmajor）の四人からなる。この幹部を決めるための選挙は、結社の集会（会議）において無記名投票という形で行われる。会長、副会長、書記は、現役活動中の正会員（CB）の中から、また、新入生世話係は、現役を退いた活動中でない正会員（ｉａＣＢ）もしくはＯＢ会員（ＡＨ）の中からそれぞれ学期（半年）毎《ごと》に選出される。

幹部は文字どおりその学生結社の顔であり、常に責任のある言動を求められる立場にある。実を言うと、私自身も二度ばかりその候補にあげられたことがあるが、酒を飲むと何をしでかすかわからないという理由で、幸か不幸か選ばれずにすんだ。

会長は、言うまでもなく、結社の外部に対しては組織を代表する顔であり、内部においては結社を統率する中心的存在である。副会長は、様々な行事を準備・開催し、更に決闘とスポーツ活動の総責任者であり、また、会長及び新入生世話係の代理役でもある。この副会長の代理役でもある書記は、結社のあらゆる文書・名簿・議事録等に責任を持つ。

新入生世話係は、新入生たちに、学生結社の歴史や慣習を教え、彼らが結社組織に溶け込み、結社の理念を少しでもはやく理解するための手助けをする。私がフクスをしていた時の新入生世話係はマティアスというＯＢ会員で、ダイムラー・ベンツ社に勤める極めてまじめで極めて面倒見のよい男であった。このマティアスと、アレクサンダーの存在がなければ、私は、学生結社を入会して間もなくやめていたであろう。

幹部以外にもう一つの重要なポストがある。会計係（Kassenwart）がそれである。

会計係は、結社の会議において無記名投票で一名選ばれる。この会計係は、幹部には属さないが、結社の文字どおり金庫番であり、銀行小切手や郵便為替の管理・処理など結社の金銭関係に関して全権を委任されている。おもしろいのは、日ごろ、金銭面においてだらしない者が概してこの係に選出されるというところであろう。「あんな奴に結社の会計を任せて本当に大丈夫か?」というような人物が、その役を経験した半年後、見違えるほどきちっとした人間に生まれ変わる。本当に不思議なものだ。

つまり、幹部にしても、この会計係にしても、また、決闘にしてもそうだが、それらを経験することで、一人の若者を立派な一人前の男に成長させようという学生結社の組織としての理念と目的がそこにある。

ドイツの学生結社の場合は、すでに触れたように、新入生は、少なくとも半年~一年の間は彼らにとっての見習い期間であり、「フクス」と呼ばれ、まだ正式な会員とはみなされず、「結社の外の人間」として扱われる。その後、正会員になるために必要な課題をクリアし、「結社の内の人間」にふさわしい人物であると認められてはじめて正会員となり、「結社の兄弟」と呼ばれるようになる。そして、平均して三~四年は現役会員として活動する。

（二）二つの原理

学生結社は次の二つの原理に基づいて活動している。

①集会（会議）の原理（Conventsprinzip）
②生涯を通じた結合の原理（Lebensbundprinzip）

①　集会の原理

ドイツ語の Convent（Konvent）は、学生結社で定期的に開かれる集会・会議のことであり、そこでは集会に参加する資格のあるすべての会員に同等の議決権が与えられている。民主主義の根幹をなすこのような学生結社の原則を「集会（会議）の原理」と呼ぶ。これらの結社の集会（会議）において話されたことは、いかなることがあっても外部の者に漏らしてはならず、万が一、この掟《おきて》に抵触した者は厳しく処罰される。そして、どの会員にも、公然と結社の体面を傷つけるような態度・行動を、自分もしくは自分以外の会員がとった場合、それを自発的に結社に知らせる義務がある。このあたりにはなにか秘密結社的な原理を思わせるものがある。

実際のところ、十八世紀の後半、ドイツの学生結社団体は、一時的にしろ、フリーメーソンの影響を少なからず受けているのも事実なのだ。

それぞれの学生結社にはその活動に応じていくつかの集会（会議）がある。それを簡単に眺めておくことにしよう。

- 一般結社集会（AC＝Allgemeiner Convent）：現役の正会員（CB）の参加が義務づけられている会議。フクスが、議席と投票権を持つ唯一の会議。フクスは、通常はこれ以外のいかなる会議にも参加できない。
- 正会員結社集会（BC＝Burschenconvent）：新入会員フクスとOB会員を除いた正会員による会議。CC＝Corpsburschen-Conventとも呼ばれる。現役の正会員は、この会議に参加することが義務づけられている。
- 幹部集会（Chargenconvent）：会長、副会長、書記そして新入生世話係による会議。
- OB会員集会（AHC＝Alterherrenconvent）：すでに大学を卒業した社会人のOB会員のみによる会議。ここでの決定事項はかなりの影響力を持つ。
- 全体集会（Generalconvent）：現役の正会員（CB）と現役を退いた正会員（iaCB）お

よびOB会員（AH）による結社の会員全員による最も規模の大きい全体拡大会議。FCC=Feierlicher Corpsburschen-Conventとも呼ばれる。その学生結社の創立祝賀祭および創立記念日に開催されるこの全体会議は、結社の最高意思決定会議といってよい。

- 決闘（Mensur）集会（MC=Mensurenconvent）：それぞれの決闘のあとで開かれる会議。各結社の副会長が集まり、行われた決闘が規定に則ったものであったかどうかなどを議論する。MCC=Mensuren-Corpsburschen-Conventとも呼ばれる。
- 代表者連絡集会（SC=Senioren-Convent）：それぞれの地域ごとの各コーアの会長が集まり様々なテーマについて話し合う会議。
- 新入生集会（FC=Fuchsen-Convent）：新入生世話係と新入生フクスによる会議。会議というより、新入生世話係が、学生結社の一般的な慣習や歴史について新入生にレクチャーしたり、あるいは、それに対して、新入生が質問したり、個人的な悩みを相談したりする一〇名以内の小さな集いである。

② 生涯を通じた結合の原理

ドイツ語のLebensbundは、「生涯にわたる結合」という意味である。ドイツ語圏の学生結社では、新入会員フクスは、与えられたいくつかの課題を克服し、また、結社の会員としてふさわしい人物と判断された時はじめて正会員（ＣＢ）として受け入れられる。現役の学生たちであるこのＣＢは、卒業するまでは、結社生活のほとんどあらゆる事柄に関して、かなりの数にのぼる結社のＯＢ会員たちから精神的・経済的（財政的）支援を受けることになるので、彼らが結社に対して会費を納めることはない。そして、彼らＣＢが大学を卒業し、就職してＯＢ会員になると、今度は彼ら自身が現役の会員たちをバックアップしていくことになる。ＯＢ会費を納めるのはもちろんのこと、ある時は結社に寄付をしたり、若い現役会員を食事に招待したり、あるいは、就職の助言をしたり、時には就職の斡旋《あっせん》をしたりして、様々なやり方で結社の活動を支援する。ちなみに、私は現在年間約七万円のＯＢ会費を納めているが、ＯＢ会員の中には、多額の寄付金を納めて現役の会員たちからは神様のように崇《あが》められている者もいる。

このようにして、世代を超えて会員同士が生涯にわたって兄弟愛を深め結束し合っていく学生結社の原理を、「生涯を通じた結合の原理」（Lebensbundprinzip）と呼ぶ。実際、会員たちは、お互いを「兄弟」と呼び、生涯付き合っていくのだ。

したがって、学生結社にあっては、年齢、職業、地位、身分などに関係なく、会員同士はお互いを兄弟として認め合い、「俺とお前（ドイツ語の二人称の du）」で呼び合う。ドイツ語の二人称単数にはdu《ドゥー》とSie《ズイー》の二種類があり、前者のduは、特に親しい相手に対して用い、それ以外の一般的な間柄の相手に対してはSieを用いる。だがここでは若い現役大学生の会員も年老いたOB会員も関係なくduを使う。日本人である私にとって、これには最初のころは非常に抵抗があった。

想像していただきたい。二十歳そこそこの人間が、目の前にいる大会社の社長や大学教授をしている六十歳以上のOB会員に対して「お前」と呼びかけなければいけないのだから。会員同士は、OB会員であれ、現役会員であれ、結社内においてはまったく平等である。

二　処罰規定

私は、フクスの時、この結社の活動目的を理解せず、一か月ばかり結社ハウスに顔を出さなかった。フクスが唯一参加を許されている一般結社集会（AC）に招喚され、なぜ一か月姿を見せなかったのか、その間何をしていたのか、と皆の前で会長に質問された。

「いったい何のために皆ここに集まって、何を目的に活動しているのかわからない。日本には、このような学生団体はもちろんないしね。それに、皆がしゃべっているドイツ語も時どきさっぱりわからなくなるし、とにかく、ここへ来る気になれなかった」

と、私が正直に答えると、ある会員が、

「そりゃあ、そうだ。日本にこんな学生団体組織はないだろうし、ミッチーが戸惑っても全然不思議ではない」

と同情的な発言をした。すると、他の会員たちもそれを聞いてうなずいた。

結社のきまりで、フクスも正会員も無断で、結社の会議やイベントを欠席してはならないことになっているのだ。会長は、私にわかりやすく説明した。

「そんな規則があったことは知らなかった」

と私は反論したが、規則は規則ということで、私は結局二〇マルク（約一二〇〇〇円）の罰金を支払うように命じられた。

また、ある時、別の一般結社集会で、会長が、みんなに向かってこう尋ねた。

「昨日、ある兄弟から、結社ハウスのガレージの中に置いてある中国製の陶器（確かそう記憶している）が壊されているとの報告を受けた。あれは、皆も知っているとおり、ＯＢ会員フィッシャー（仮名）が我々に寄贈してくれたかなり高価なものだ。心当たりのある者は、今、この場で申し出ていただきたい」

皆がざわめく中、

「俺がやりました。一昨日《おととい》ハンス（仮名）とふざけ合っているうちに、陶器にぶつかってしまって……」

と、ペーター（仮名）という正会員が、顔を赤らめて告白した。

「それじゃあ、ハンスにも責任がある。認めますかハンス？」

と会長が尋ねると、

「認めます」とハンスは答えた。

結局、二人とも、一五マルク（約一五〇〇〇円）ずつ罰金を払うよう会長に命じられた。

このようにして、どんな些細《ささい》なことでも、細かく定められた結社の会則に従って、民主的に進めていくのが、学生結社の集会・会議（Convent）であり、遊び気分でその場に参加している者は誰もいない。

ある会員が、結社に対する義務を怠ったり、あるいは結社の名誉を著しく傷つけるような態度・行動をとった場合、結社はこの者を処罰することになる。それは罰金と懲戒処分に分かれる。

結社側は、処罰を宣告する前に、必ずその被疑者の意見を聴取しなければならない。いわゆる事情聴取である。被疑者が招喚に応じない場合は、当事者抜きでその動議が審議されることになる。

（一）罰金（Beireitung）

罰金は、結社の秩序を維持するために必要な措置である。しかし、コーア・レノ・ニカーリアでは、罰金は一〇〇マルク（当時の日本円で約一万円）を超えてはならないと定められていた。これに対して異議を申し立てることは許されていない。一〇マルク（約一〇〇〇円）までの罰金は、会長から言い渡されるだけであるが、それ以上の場合は、一般結社集会で皆で話し合って決定が下される。罰金は、一週間以内に支払われなければならず、支払いの猶予は認められていない。

（二）懲戒処分

懲戒処分は次のように分類されている。

a　簡単な叱責：一般結社集会で会長が行う形式的な訓戒。

b　記録にとどめられる叱責：これは、一般結社集会で言い渡されるが、議事録に記録される。

c　軽い一時的免職：一般結社集会で言い渡され、期間は長くても四週間である。この間、当該者はアルコールも禁止され、会議での議決権もない。結社の会員たちとの接触は認められている。

d　重い一時的免職：免職期間は、四週間から最高で一二週間である。この間、当該者は、軽い一時的免職の場合と同様、アルコールも禁じられ、会議での議決権もない。軽い免職と異なるのは、結社の会員たちとの接触が禁じられ、また、結社ハウスに出入りできないという点である。

e　永久追放：dの重い一時的免職が成果を収めない場合、あるいは、会則で認められた理由もなく、会員としての義務を果たしていないと判断された場合などがこれに当てはまる。

f　除名：結社の名誉を著しく傷つけたり、結社への誓約を破ったり、あるいは通常の裁判所において不名誉罪の判決を受けた場合などがこれに該当する。

g　脱退勧告：ある会員が結社にふさわしくない人物であることが明らかになった場合、

あるいは結社の要求を十分果たせない場合などがこれに当てはまる。eの永久追放とfの除名の処分が新入会員フクスに下されることはないが、この脱退勧告はフクスもその対象となる。

ある時、重要な酒宴（飲み会）が始まる直前に、会長が皆を前にして、こう言った。

「今から、兄弟ミヒャエル（仮名）が会場に入ってくるが、彼を見て絶対笑ってはいけない。皆、いいな?」

ちなみに、ミヒャエルは、映画俳優のような端整な顔立ちをした結社の会員の中では一番イケメンの男であった。間もなく、彼が、ある会員に支えられながら入ってきた。皆、会長に言われたとおり、最初のうちは沈黙していたが、そのうち一人の会員がこらえきれずに笑い出すと、皆も腹をかかえて笑い始めた。見ると、なんとミヒャエルの顔の半分が三倍ほどに腫《は》れ上がり、顔じゅう傷だらけなのだ。

聞くところによると、ある酒場で、酔っぱらったミヒャエルが別の学生結社に所属するある会員の女にちょっかいを出し、その会員に何度も殴りつけられたという。数日後、正会員結社集会（BC）が緊急に招集され、この件に関しての話し合いが真剣になされた。

会長が、まず、事件の経緯を細かく説明し、皆に意見を求めた。

「わが結社の会員が他の学生結社の奴にぼこぼこにやられてだまっていていいのか！」と会員Aがすごい剣幕でまくしたてた。すると、会員Bは、

「こうなりゃ、決闘だ！」

と大声で叫んだ。場は騒然となった。すると、

「いや、それは違う！　酔っぱらって女にちょっかいを出したのはミヒャエルの方だ。いくら酒の席とはいえ、そのような行為こそ我が結社の名誉を汚すものだ。彼の方こそ処罰を受ける張本人だ！」

と会員Cは冷静に反論した。そのあと、一時間以上も皆で議論したにもかかわらず、とうとう結論がでなかった。会長は多数決で決めることを提案し、我々はこれに同意した。結局、ミヒャエルは、懲戒処分dの「重い一時的免職」となり、二か月間、アルコールを禁じられ、また結社ハウスへの出入りも禁じられた。

　色々な意味で問題児であったミヒャエルは、後にもいくつかの事件を引き起こし、結社の名誉を著しく汚したという理由で、結局は除名（f）された。また、例えば、トーマス（仮名）という男は、正会員になったものの、それこそ四六時中我々の結社ハウスのバーの片隅に腰を

かけ、ビールやワインを飲んでいた。それ以外に彼が何かやっている姿を私は一度も見たことがなかった。トーマスの場合はまさにアル中状態で、正会員としてはふさわしくないと結社の集会で判断され、結局永久追放（e）を余儀なくされた。

つまり、ドイツの学生結社は、単なる仲良し集団ではなく、民主主義的原理に則して厳しく統制された学生組織であり、一つの大人の共同体なのである。そして、この共同体の中核をなすのが何と言っても決闘であり、日常においてもその練習が極めて重要な位置を占めている。

三　決闘の練習

私が住んでいた学生寮から、結社ハウスまで徒歩で二〇分程だったが、来る日も来る日も私はメンズーアの練習に通った。冬は零下一〇度くらいにまで冷え込む凍《い》てついた雪道を。「今、ここでしか経験できないことをしたい！」という強い思いが、私を練習へと駆り立てた。すべてが異文化体験として斬新であったにもかかわらず、私の中では、メンズーアに対して、どこか古き尊きものに再会したような感覚があった。

（一）決闘練習場（Paukboden）

決闘を行う学生結社団体は、それぞれの結社ハウスの地下室に決闘練習場と、剣をはじめとした決闘用の武器や防具の保管所を持っている。決闘練習場は、言うまでもなく決闘（本番）に備えたトレーニングを真剣に行う、いわば道場であり、ここで新入生フクスを含めた会員たちは、週に四～五回練習に汗を流す。時にはまだ腕に自信のあるOB会員も加わり、現役会員に技術面・精神面のアドバイスを与えたりするが、月に何度かは、この独特なスタイルの決闘を専門的に教える剣術師範が招かれて、熱のこもった実践的訓練を行う。

（二）練習用の剣

第二章で述べた本番用の剣（一一三ページ図10を参照のこと）と同様に、練習用の剣も今日では二種類しかないが、現在ではほとんどの地域で、日本刀の鍔にあたる金属の柄の部分がかご状の「かごづか剣＝コルプ・シュレーガー」（Korbschläger）が用いられている。しかし、ベルリンなどの一部の地域では、柄の部分が釣鐘状の「釣鐘剣＝グロッケン・シュレーガー」（Glockenschläger）が使用されている。両方ともに、刀身の部分は約九〇センチ、握りの部分は約一五センチであり、重さは、「コルプ・シュレーガー」は、本番用の剣（約八〇〇グラム）より重たい約九〇〇グラムであるが、「グロッケン・シュレーガー」はこれより少し軽めである。これらはあくまでも練習用であるから、本番で用いる剣とは異なり、もちろん刀身の部分は鋭利にはなっていないし、先端部分は、「突き」による負傷を防ぐために丸くなっている。とにかく、少し重めの剣で毎日練習しているので、本番では、剣がものすごく軽く感じられ、練習時よりもかなり速く剣を動かすことができるよう配慮されているのだ。

「かごづか剣」の「かごづか」の部分は、本番用では、剣を持つ手が斬られないように鋼鉄製の「かご」で覆われているが、練習用は鋼鉄製の数本の「つる」からなる隙間《すきま》だらけのものである。本番とまったく同じように、右利きの場合は、握りの部分の左側の一番上に右手の親指をしっかりあて、右側の部分にくっついている小さな円状の革製の紐に右手人差し指を通す。残りの三本の指で握りの部分全体を軽く握る。その際、あまり強く握ると、剣の動きが硬くなるので、なめらかになるよう柔らかく握るのがコツである。

（三）　練習用の防具

竹刀や木刀ではなく、鋼鉄の剣で打ち合うので、練習とはいえ、頭、顔、首、両肩、胸、下腹部、そして剣を持つ方の腕と手にはそれぞれ頑丈な防具をつけなければならない。一〇三ページ図8の右側の決闘者Bが身につけているような防具が必要になる。

- 針金格子状の面のついたヘルメットで顔を守り、頭の部分は硬い革製の覆いで相手の攻撃の衝撃を和らげるようになっている。首を守るために革製の襟のようなものがヘルメットに取り付けられている。ヘルメットは、鋼鉄製の剣による攻撃から練習者を守るように作られているので、思いのほか重い（約二・五キログラム）。
- プラストロンと呼ばれる、綿を詰めたキルティングのベストが練習者の両肩、胸、下腹部を、相手の攻撃から守る。
- 硬めの革で補強された、綿を詰めたキルティングの防具で腕を守る。これは、腕全体にすっぽりはめ込めるようにできている。
- 手袋は、軟らかめの革で作られており、革製の留め輪で腕の防具と結び合わせるようになっている。

ヘルメットやその他の防具も、自分専用のものではなく、使いまわすので、会員たちの汗が

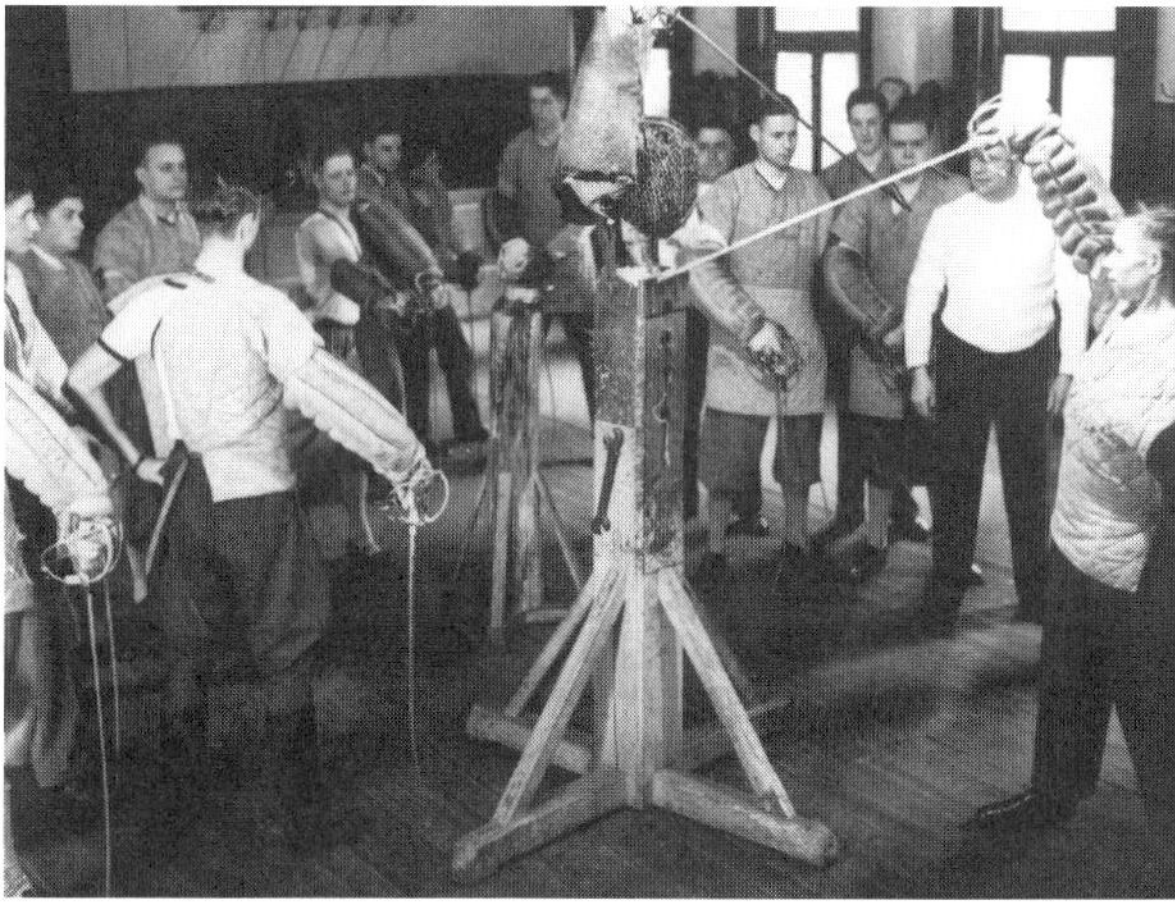

図12　人体模型ファントム　写真／ユニフォトプレス

染み込んでいる。

（四）人体模型ファントム

剣の正しい打ち方やその攻撃コンビネーションは、「鉄の男」と呼ばれる人体模型＝ファントム（図12）を使って練習する。言わば、これは、一人用のトレーニング器具であるが、その際、経験豊富な会員が、傍らに立ち、打ち方のアドバイスをする光景もよく目にすることがある。このファントムは、厚めの木材を用いて作られたもので、一番下の土台の部分は木材を十字に交差させ、倒れないようにしてある。頭の部分には、車などのゴムタイヤを釘《くぎ》で打ち付けてあり、ここを目がけて剣を打ち込めるようになっている。言うまでもなく、このゴムの部分によって、練習者の手首が練習用の剣を打ち込む際の衝撃から守られているのだ。また、図12のようにこの部分にヘルメットをかぶせて用いる場合もある。

高さは調節できるようになっているので、練習相手がいなくても、いつでも好きな時に、物言わぬこのファントム相手に、いろいろな攻撃のヴァリエーションとコンビネーションを頭で自由にイメージしながら試すことができる「すぐれもの」であるが、ファントムから攻撃を受けることは一切ないので（あったらこわい！）、防御の練習にはまったくならないことは言うまでもない。ボクシングや空手の道場で、サンドバッグを用いて一人でトレーニングするのと似ているが、人体模型なので、特に暗がりでファントム相手に練習していると、目の前にいる「鉄の男」が今にも剣を片手に反撃してくるのではないかと思わず身構えることが何度かあった。

(五) 一対一の練習

すでに眺めたような練習用の防具を身にまとい、本番を想定して、一対一で実践的な練習を行うが、その際、経験豊富なもう一人の会員が「審判」として両者の傍らに立ち、「剣を構えて！」「用意！」「始め！」「やめ！」という号令をかける。練習とはいえ、この一対一の練習は、本番さながらの真剣勝負であり、剣と剣、あるいは剣とヘルメットの針金格子の部分が、つまり、金属同士がすごい勢いでぶつかり合うため、本当の火花が散り、奇妙なこげ臭いにおいが練習場に漂うこともある。全身防具に身を包み、剣も鋭利なものを用いないので、練習で傷を負うことはあり得ないが、私がはじめてこの練習を見学した時、日本の剣道の練習イメージとは程遠い、鋼鉄製の剣と剣のぶつかり合う迫力と飛び散る火花には圧倒された記憶がある。

練習とはいえ、顔や頭の部分に相手の剣が打ち込まれると、ヘルメットのない本番を想像し、誰でも唾《つば》を飲み込むような嫌な瞬間になる。本番では確実に斬られているわけであり、場合によってはドクター・ストップがかかるほどの深い刀傷かもしれないからである。だからこそ、この一対一の練習では、皆、まさに真剣そのものであり、敢えて、いろいろなタイプの相手と練習することで、本番に対する恐怖心を少しでも拭《ぬぐ》い去ろうとするのである。

四　剣術師範（Fechtmeister）

メンズーアのような伝統的な特殊な形態の剣術を、学生たちに専門的に教えることを職業としているのが、先述したFechtmeister＝剣術師範である。彼らは、その地域にあるいくつもの学生結社団体を渡り歩き、この独特な剣術を学生結社の会員たちに伝授することだけで生計を立てている、現代では極めて特殊なプロフェッショナル集団である。

彼らは、スピード、テクニック、パワーなどの観点から、その地域の学生結社の会員たち個々の実力と能力を絶えず把握しており、決闘が行われる前に、あらかじめある程度の情報を、各結社団体に提供するという、プロモーターのような極めて重要な役割を演じているのだ。この直立して叩き合うという決闘スタイルは、一八五〇年ごろに確立したと言われているが、これらの剣術師範は、一八八四年に結成された「剣術師範連盟」（VdF = Verband der Fechtmeister）に現在でも所属している。

我がコーア・レノ・ニカーリアにも専属の剣術師範が一人いて、月に何度か教えに来てくれた。彼はドイツ人としてはかなり小柄で、一見して剣術を教えているようにはまったく見えない普通の初老のおじさんであった。しかし、我が結社の中でも際立って剣術に秀でたライナーという副会長が何度彼と一対一の練習をしても、この剣術師範には到底及ばなかった。ドイツの剣術師範の奥の深さを垣間《かいま》見たような気がした。彼もまた、ハイデルベルクを中心とする地域の学生結社連盟に所属する二〇程の学生結社団体を渡り歩いて剣術を教える特殊な職業人だった。

ドイツの剣術師範の元祖といえば、リヒテナウアー（Johannes Liechtenauer）という伝説の男であり、彼は、ドイツの剣術学校の生みの親であるばかりでなく、ヨーロッパの剣術の歴史を語る上においても最も重要な人物の一人である。しかし、十四世紀に活躍したこの偉大なる剣術師範の生い立ちや経歴について書かれた資料・文献はほとんど見当たらず、その生涯の多くは謎に包まれている。しかし、現代に至るまで、ドイツの剣術師範のほとんどがこのリヒテナウアーから多大な影響と限りない恩恵を受けている。一四七四年から実に二〇〇年間近く君臨したドイツで最初に設立された剣術協会「マルコ兄弟会」の剣術師範たちもその例外ではなかった。

これらの剣術師範が教えていたのは、「突き」の剣術ではなく、古代ゲルマンから伝わる伝統的な「斬り」の剣術であったが、十六世紀の終わりには、イタリアからもたらされた「突き」の剣術が次第にドイツで浸透していき、十七世紀には、「斬り」の剣術に代わって「突き」の剣術が支配的となった。このあたりの変遷についてはすでに述べたが、この「突き」の剣術を指導し、広めたのが他ならぬ剣術師範の名門クロイスラー（Kreussler）という一家である。

五　親分と子分＝ライプブルシュ（Leibbursch）とライプフクス（Leibfuchs）

新入生「フクス」は、自分を担当し、様々な助言を与えたり指導してくれる一人の兄貴分的な先輩（＝ライプブルシュ）を結社の正会員の中から選ばなくてはならない。これに対して、「ライプブルシュ」からいろいろなことを仕込まれる新入生は、「ライプフクス」と呼ばれる。その年度の新入生全員の世話係である「フクスマヨーア」とともに、ライプブルシュは、自分が担当する新入生（＝ライプフクス）の面倒をみて、学生結社内での生活および個人的生活両面における様々な問題に対して助言を与え、指導する特定のパートナーである。

ドイツ語の「ライプ」（Leib）は、「心（魂）と不可分な生命体としての身体」を意味する。したがってライプブルシュは、文字どおり、自分の「身体」を張ってライプフクスを守ってやらなければならない。両者の関係は、兄弟のような契りを結ぶ結社の会員仲間全体の中にあっても、最も深く強いものである。新入生が自分のライプブルシュを選んだ場合、結社会議で承諾されなければならない。また、一人のライプブルシュが持つことができるライプフクスの数は原則として三人までである。このようにして、一人のライプブルシュが複数のライプフクスを持ち得るという事実と、それが幾世代にもわたって連鎖していくという点からすれば、会員一人ひとりが、結果的には二～三のいずれかの大きな系列に属することになる。

この系列は、ライプファミーリエ（Leibfamilie）と呼ばれている。例えば次ページ図の左側は、ベッカー（仮名）という会員の、また右側はフェデラー（仮名）という会員のライプファ

コーア・レノ・ニカーリアのLeibfamilieの樹形図（名前は仮名）

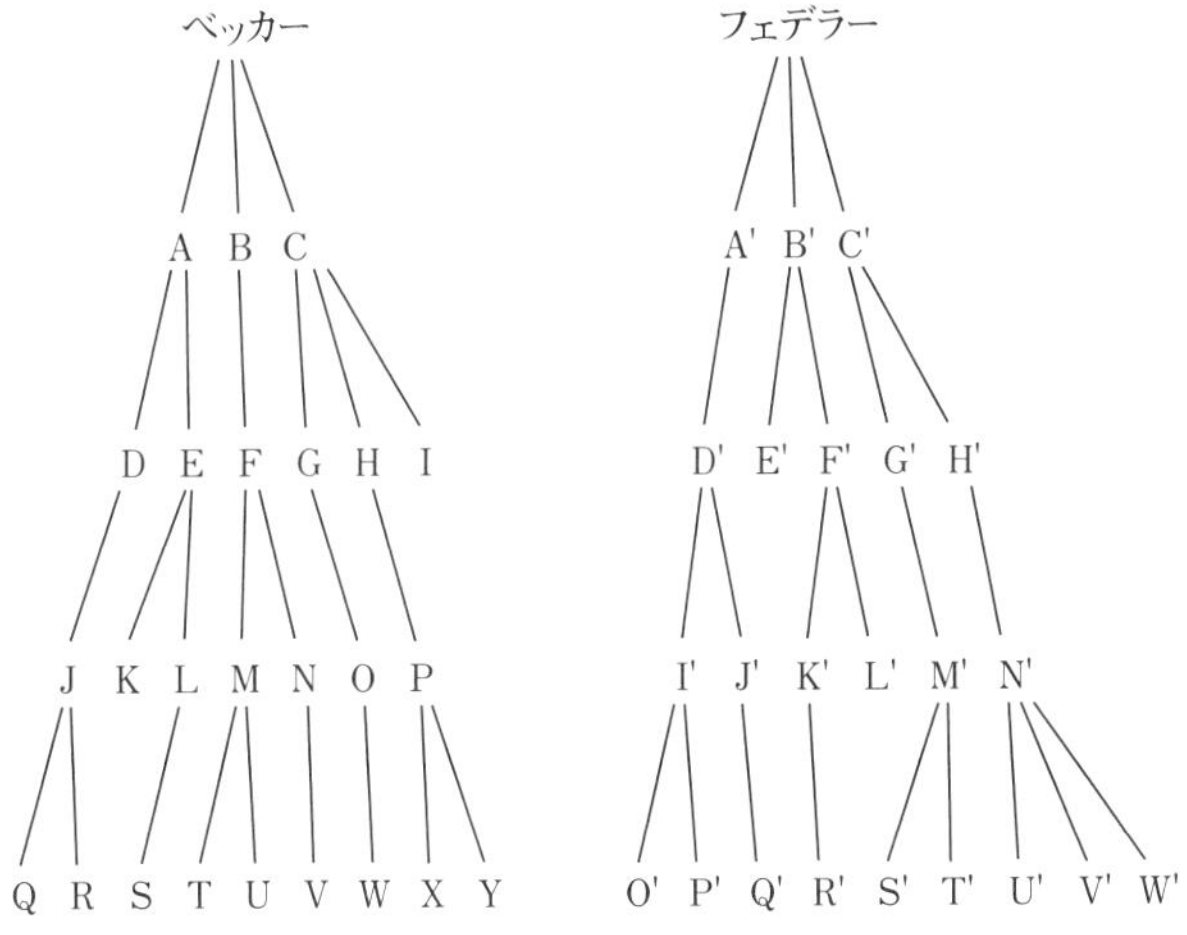

ミーリエの樹形図である。換言すれば、同じ政党内でも、例えばタカ派とハト派に分かれるようなものである。もっとも、自分の所属するライプファミーリエの存在を会員一人ひとりがあまりにも強く意識しすぎれば、結社の中に特に親密ないくつかのグループが形成される可能性が出てくる。それは最悪の場合、結社の分裂へと発展しかねない。しかし、実際には、あいつはあのライプファミーリエで、俺はこのライプファミーリエに属しているからどうのこうのと考える会員はまずいない。

「親分」あるいは、「兄貴分」として自分に新入生から「ご指名」がかかることは、やはり何といっても快感であるらしい。実際、フクスとしての最初の二か月間、私からライプブルシュの指名を受けようと、事あるごとにいろいろな正会員たちが私を「誘惑」してきた。彼らは、さりげなさを装っていたが、その真意が透けて見えていた。日本人として、いや、東洋人としてはじめてフクスとして迎え入れられた私が、ライプブルシュに果たして誰を選ぶのか、現役の正会員は言うまでもなく、OB会員や他のフクスたちも興味津々という感じであった。ライプブルシュは通常、フクスよりも年長の者が選ばれる。しかし、結局、私は自分より五歳年下のアレクサンダーを選んだ。ひょっとしたら自分が……と思っていた他の会員たちは、さぞかしがっくりしたであろう。私がその旨をアレクサンダーに直接伝えた時の彼のはにかんだような微笑は、今でもはっきり覚えている。

ところで、ライプフクスが決闘をする前の晩には、ライプブルシュが彼に食事をおごるという習慣がある。普段、お世辞にも太っ腹とは呼べなかったアレクサンダーも、この時ばかりはしかたなく食事に招待してくれたが、一〇マルク（約一〇〇〇円）以上のものはやはりおごってくれなかった。

六　新入会員フクス（Fux／Fuchs）時代

ドイツの大学に籍を置く者、あるいは大学を卒業した者であれば、原則的にフクスとして学生結社に入会する資格がある。ただし、結社の規則を守り、結社における自分の義務を果たすことができそうな者に限られる。フクスとして迎え入れられる場合、正規の結社会議（CC）において、正会員の三分の二以上の賛成を得なければならない。フクスとしてその学生結社に入会が許されても、最低半年から一年の間、その新入生は、結社の正会員として受け入れるのに適した人間であるかどうか、いろいろな面からその適性を探られる。したがって、「フクス」の期間は、いわゆる「見習い」期間であると同時に、「お試し」期間のようなものである。一方、フクスの方でも、その結社の活動目的や組織の実態をより正確に知ることができるわけである。

例えば、あるフクスが「男たちだけの世界」であるその学生結社に不純な動機で入会する可能性もなくはない。つまり、同性愛者であるかもしれない。このフクスの時代は、その件に関しても篩にかける期間であり、もしそのフクスが同性愛者であることが判明した場合は、会の処罰規定に従い、即刻、除名・追放される。現在、欧米では同性婚などが許容される方向に進んでいるが、ドイツの学生結社はこの点では保守的であると言えよう。

私が、コーア・レノ・ニカーリアの新入会員フクスになってから二か月後、オスカル（仮名）という若者がフクスとして入会してきた。ドイツ語圏の学生結社では、学期毎に何度か酒宴が開かれる。フクスは、先輩たちの命令には絶対服従しなければならない、昔の軍隊で言えば一番下っ端の二等兵のようなもので、そのような酒宴では、

「そこのフクス！　ビールだ！　はやく持って来い！」

と正会員やOB会員に言われたら、急いで台所に走り、テーブル席までビールを運ばなければならない。その際、ピアノの伴奏に合わせて出席者全員が伝統的な学生歌を何曲か歌うのがならわしとなっているが、オスカルは酒宴のたびに、ピアノの伴奏を買って出たり、愛想もよく、

OB会員たちからも人一倍かわいがられていた。私にも、ドイツ語のいろいろな言いまわしを教えてくれるなど、とにかく親切にしてくれた。

ところが、フクスが正会員になるための最大の課題であるメンズーア（決闘）をやろうという気配が彼にはいっこうになく、そうこうするうちに一年以上が経過してしまった。私をはじめ、同じころにフクスとして入会した者は、何人かの脱退者を除き、全員が決闘を経験していた。ついに、彼の処分をめぐる会議が開かれ、三〇分ほどの話し合いのあと、オスカルに対する脱退勧告の処分が下され、この旨が本人に伝えられたが、二週間が過ぎても彼からの返答がなかったため、結局、結社の会則に従い、彼は永久追放された。

フクスは、正会員になるためには次の三つの課題をクリアしなければならない。

（一）口頭試験（Burschenprüfung）

新入生（フクス）がその学生結社の正会員になるためのこの試験は、フクスマヨーア（Fuchsmajor）と呼ばれる新入生世話係の要求に基づいて、会長がそのための会議と試験委員を招集するという形をとっている。試験委員会は、二年の任期で選ばれた四人のｉａＣＢ（現役を退いた活動中でない正会員）、もしくはＡＨ（ＯＢ会員）からなり、実際の試験の際には、これに新入生世話係も加わり、計五人の試験委員がフクスに口頭試問を行うのである。試験は次の五科目があり、それぞれの試験委員会の委員が自分の担当する専門分野に関して、三〜五分ずつ順番に質問していく。

A　ドイツにおける学生結社の歴史について
B　コーア・レノ・ニカーリア及びマンハイム大学の歴史について
C　コーア・レノ・ニカーリアが所属する結社連盟の慣例と諸規則について
D　コーア・レノ・ニカーリアの慣例と諸規則について
E　決闘について

試験委員会のメンバー以外の何十人もの会員もこの試験に立ち会うが、フクスに直接質問したり、コメントを与えたりすることは一切禁じられている。約三〇分の試験終了後ただちに全体会議が開かれ、試験委員会の委員を中心に、試験に立ち会った会員全員でそのフクスの試験の合否について真剣に意見が交わされる。そして、会議に出席している全会員の三分の二以上の承認が得られれば、その新入生は晴れて試験合格となる。

すでに述べたように、私がフクスであった当時の新入生世話係はマティアスという、やや小柄で小太りのOB会員であったが、彼は特にドイツ語にハンディのある私がこの試験になんとか一回でパスするように、連日連夜、皆には内緒で特別に個人授業をしてくれた。この口頭試験はかなりの難関で、実際、数回目のチャレンジでようやく合格したフクスを何人も私は知っている。この試験に合格することは、新入生が正会員になるための第一関門であったが、マティアスとの秘密の特訓の甲斐《かい》あって、私は最高点でこの試験に一回で合格することができた。マティアスは終始、少し離れた所から私にやさしく微笑みかけていた。試験の結果を知らされ、会員全員の握手攻めにあっている間、

（二）講演（Fuchsenvortrag）

新入生は、会員たちを前にしてアカデミックなテーマで一時間程度の講演をしなければならない。スピーチの後には質疑応答の時間もある。新入生世話係のマティアスからこの話を聞いた時、正直言って途方にくれた。日本人である自分がドイツ人の前で何を話したらいいのか、それより以前に、自分のドイツ語が通じるのか、もし何か質問されたら、その内容を理解し、正しく答えられるのだろうか……？　こういった不安は日増しにつのっていった。

ある日、アレクサンダーと相談し、「カミカゼ、サムライ、ゲイシャ」ぐらいしか知らない彼らに、とにかく日本のことを正確に紹介しようという結論に達した。情けないことであったが、私は日本人であるにもかかわらず、祖国日本について、彼らに適切に説明できる程の情報ストックを持ち合わせていなかった。ドイツ語どころか、まず日本語で書かれた、「日本人論」のような本を読む必要があった。私は電車で片道三〜四時間かけて、わざわざデュッセルドルフの日本人街まで行き、ライシャワー著、國弘正雄訳の『ザ・ジャパニーズ』などを数冊購入した。

一週間程かけて何とか日本語の原稿を完成させた。今度はそれをすべてドイツ語に訳さなければならない。こちらの方がもちろん大変だったが、これもどうにかできあがった。アレクサンダーにドイツ語の原稿の添削を依頼すると、彼は快く引き受けてくれた。至る所真っ赤に直された原稿を、最後にタイプライターで清書した。今から三〇年程前には、ワープロすらもなく、皆、このタイプライターを使っていたものだ。

さて、講演のための原稿はなんとか完成した。あとは、何度もアレクサンダーに発音・文の抑揚や間の取り方などをチェックしてもらった。やれることはすべてやった。いよいよその当日、一時間無我夢中でしゃべり続けた。気がつくと、スピーチ終了と同時に万雷の拍手をもらっていた。いくつかの質問に対しても冷静に答えることができた。その後、私一人をその会場に残して、会員たちは全員別室へと姿を消していった。私の講演が合格か、不合格かを話し合うためにである。ひたすら待っていた。二〇分後、彼らは再び姿を現した。会長のルーディーが私と握手をしながら言った。

「ミッチー！　おめでとう！　見事合格だ！　全員一致でね！」

あとで聞いたが、この講演も難しく、一回目で合格するのはわずか三分の一の新入生だけということであった。その夜、私はいつもの結社ハウスのバーで夜を徹して飲んだ。ひたすら飲んだ。もちろん、アレクサンダーもいっしょに。

（三）決闘（Mensur）

そして最後の課題が、真剣を用いた決闘である。正会員になるためには、どうしても避けては通れない最大の難関である。これについては本書で詳細に述べてきたとおりである。

新入生フクスとして入会し、土日以外はほぼ毎日練習した者が、半年後もしくは一年後、結社の名誉を汚すことなく立派に戦えると正会員たちに判断された場合、その新入生ははじめて一度目の決闘の舞台に立つことが許される。

決闘を行う前に、その地域の決闘連盟の「決闘取り決め会議」に参加し、対戦相手を話し合いで決める決闘最高責任者（Fechtwart、あるいはConsenior）は、普段から個々の会員たちの決闘の力量を正確に把握し、「決闘取り決め会議」に先立って、どの会員をいつ決闘させるかを判断するという重要な任務を担っている。彼らは、本番の決闘は言うまでもなく、日々の練習をも含めたその学生結社の決闘に関するすべての事柄に責任を負う立場にあり、各結社の副会長がこれを務めることになっている。そのため、その結社の中で最も決闘の腕がたつばかりではなく、教育的指導のできる、人格的にも模範的な者が、この副会長＝決闘最高責任者に選ばれるのである。

結社ハウスの決闘練習場で事故が起きないように、練習用ならびに本番用の防具・剣に欠陥や破損がないかどうか、また、それらすべての代用（補充）品のストックがあるかどうかなどを絶えずチェックしておくことも、決闘最高責任者の仕事である。彼らはまた、決闘本番当日に備えて、立会人や決闘専門医を選定したり、会員の中から、セコンド、介添え係や防具担当係を選出し、誰が血で汚れた防具や剣をきれいにするかなどをあらかじめ決めなければならない。

また、すでに述べたように、決闘当日、味方の決闘者の戦い方に対する評価を下すための

図13　レツェプツィオーン

「決闘に関する緊急会議」を招集し、その司会進行役を務めるのも、当然のことながら彼らの任務である。

七　正会員としての入会を許可する儀式＝レツェプツィオーン（Rezeption）

フクスが三つの課題（口頭試験、講演、決闘）をこなした後に、新入生全員の世話係であるフクスマヨーアが、そのフクスが結社の正会員にふさわしい人物であると判断した場合、フクスマヨーアは、結社の会議（CC）でその旨を伝える。提出されたその動議が会員の三分の二以上の賛成を得て採択されれば、入会許可の儀式レツェプツィオーン（Rezeption）を経て、そのフクスは晴れて正会員として結社の会議に参加し、議決に加わる権利を与えられる。
　フクスとして迎え入れられてから約一年後の一九八二年二月十三日、決闘を含めた三つの課題を果たした私は、東洋人としてはじめて、コーア・レノ・ニカーリアの正会員となった。この日の夜、極めて厳粛な雰囲気のもとで、私を正会員として認めるための儀式（レッェプッィオーン）が行われた。約一年前にフクス（新入会員）として私が迎え入れられた例の薄暗い中央集会室で、四〇人くらいの男たちが直立する中、私は会長の前に歩み出た。一年前とまったく同じように、白いテーブルクロスで覆われた机には、三本の大きなロウソクが灯《とも》され、二本の交差する剣を映し出していた。それほど緊張することもなく、私は次のような宣誓の言葉を会長のあとについて述べた。これもあらかじめアレクサンダーが教えてくれていたおかげでスムーズに言えた。

Ich gelobe, stets ein treuer und eifriger Corpsbursche der Rheno Nicaria zu sein, ihre Gesetze und Überlieferungen immer hochzuhalten und jederzeit für sie einzutreten!
（私は誓う、レノ・ニカーリアの常に誠実で熱意のある結社仲間であることを、そして、結社の規約としきたりを常に尊重し、いかなる時でもそれを擁護することを！）

会長が、結社のシンボルカラーである「黒・白・緑」のリボンを私の右肩からまわして直接かけてくれ、その後、同じシンボルカラーの帽子をかぶせてくれた。私たちは固い握手を交わした。その場に居合わせた全員と一人ひとり握手をして、この儀式は終わった。私が、コーア・レノ・ニカーリアの正会員となった瞬間であった。

結社会員にとって、リボンと帽子は命の次に大切なアイテムなのだ。今述べたとおり、我がコーア・レノ・ニカーリアの正会員用のリボンは、黒・白・緑であり、リボンの両端は銀色の金属の糸による縁どりがつけられている。しかし、新入会員（フクス）用のリボンは、黒・白・黒の二色である。一回目の決闘の際には、このフクス用のリボンをつけ、また、二回目以降の決闘は、正会員用のリボンをつけて戦うわけであるから、このリボンの「重み」が十分おわかりいただけると思う。ちなみに、すでに述べたとおり、私は二回目の決闘で頭と頬を斬られ、かなり流血したので、約三〇年たった今でも、私のリボンにはどす黒い血痕がくっきりとついたままだ。そして、このリボンを目にするたびに、昔の決闘の場面を思い出し、今でも思わず唾を飲み込んでしまうのである。

リボンは、個々の学生結社にとって最も大切なシンボルの一つであり、それ故、今日でも、ある結社会員が亡くなると、その結社の会員同士の絆が死を超えて存続することを示すために、その死者に生前彼が常に用いていたリボンをつけてやってから墓に埋葬することになっている。

このリボンと同様、帽子もまた敬意をもって扱わなければならないのであるが、私はこの帽子で失態を演じてしまった。ある時、結社ハウスで行われた飲み会に、私の友達を誘った。その友人は、普段は学生結社とは縁のない、ハイデルベルクに留学している日本人の男子学生であった。学生結社では、結社仲間のみで行われる公的な酒宴とならんで、半公式的な飲み会や各種イベントが開かれ、これには会員以外のゲストも、また女性も参加できる。ワインを飲みすぎて、珍しくかなり酔いがまわってきていた私は、ふざけて、自分がかぶっている帽子を取って、私の友人の頭にかぶせた。友人はご満悦の様子。それを見ていた、会長のルーディーが、私の胸ぐらをつかまえて、すごい形相でこちらを睨《にら》みつけながら、こう叫んだ。

「ミッチー！　それはこの場にふさわしい作法ではない（そんなことをしてはいけないぞ）！（Das gehört sich nicht !）」

私は、ルーディーが何を言いたいのか、すぐわかり、友人の頭にチョコンとのっている帽子を慌てて取り、自分の頭に再びかぶせた。

結社のシンボルカラーの入った、命の次に大切な自分の帽子を、自分以外の人間にかぶせることは、会則でも固く禁じられている。私は、そのことは知っていたが、酔っていたこともあり、まあいいだろうと思ってしたことを深く反省した。大酒を飲みながらも、礼儀作法だけはきっちり守るという学生結社の連中の男らしさをあらためて思い知らされたのだ。ルーディーは、その後、ドイツのある大手の企業に就職し、あれよあれよという間にその会社の社長になった。一〇年前に久々に結社ハウスの飲み会で再会し、その事件のことを覚えているかと尋ねると、彼は、私の肩を軽く叩いて、微笑みながら、どこかへ消えてしまった。

八　正会員として活動する時代

正式な結社のメンバーとはみなされない新入会員フクスには、その間（半年から一年）、結社内部における発言権はほとんどないが、同時に果たすべき義務もそれほどないといってよい。結社の正会員として正式に受け入れられると、彼らは、「現役活動中の正会員」（CB = Corpsbursche）と呼ばれ、文字どおり結社の活動を担う主導的・中心的な存在として、結社の様々な活動に対して主たる責任を負う。決闘こそが、決闘を会員に義務づける伝統的な学生結社においては、結社の活動の確固たる中心的構成要素であるのだが、ここでは、それ以外の彼らの活動を具体的に眺めてみよう。

(一) 新入会員フクスの勧誘

各結社団体は、とにかく自分たちの組織を維持していくためには、新しい会員を恒常的に獲得しなければならない。新入生を獲得するやり方にはいくつかあるが、日本の大学のクラブやサークルなどと同様、大学の正門や講義室の出入り口付近でのビラ配りもその一つである。一九九七年九月のある午後、マンハイム大学のキャンパスで、額に汗しながら、ヴィルフリート(仮名)という我がコーア・レノ・ニカーリアの現役正会員が結社のパンフレットをせっせと配っていた。すでにドイツ留学を終え、京都にある私立大学の准教授として勤めていた私は、ある論文を書き上げるために必要な資料・文献を収集する目的でたまたまマンハイムに逗留《とうりゅう》していた。偶然そこを通りかかった私は、記念にそのパンフレットを一部もらった。そこには、結社の連絡先と案内図とともに次のような案内文が記されていた。

コーア・レノ・ニカーリアは、マンハイムで最も古い学生団体であり、また、ドイツ国内でも最も大きな学生結社コーアの一つです。……コーア・レノ・ニカーリアとその会員たちは、新入生諸君に、自らの経験を伝え、特に次のような様々な助言・支援を提供しします。

- 結社ハウスにおける勉学の個別指導及び研究グループの提供
- 年長の学生及び大学助手たちによる、勉学の計画をたてる際の助言
- 我々のOB会員たちによる企業実習の斡旋・紹介

これらと並行して、会員同士の勉学面での親密で楽しい交流にも重きを置いています。

このパンフレットからわかることは、まず第一に、大学における勉学のやり方を親切に指導することを強調することで、これを手にしたまじめな新入生に一応の安心感を与えようとしていること、第二に、OB会員たちの存在をアピールすることで、将来的な就職の強力なコネを暗にほのめかしていることである。実際、ここには「決闘」の「け」の字も出てきてはいない。そして、最後の「勉学面での親密で楽しい交流」というのは、いかにも暗示的で、またユーモアに満ちている。それが、毎晩のように開かれる飲み会を意味していることに、果たしてどれだけの新入生がこれを読んで気づくことができるであろうか……。

このパンフレットで謳《うた》われているOB会員たちによる就職面での積極的な支援に関しては、少なくとも看板に偽りはないであろう。しかし、ここでことさら強調されている勉学面におけ

る支援という点については、ここではこれ以上言及しないことにしよう。ただ、一言だけ言わせてもらうと、筆者がコーア・レノ・ニカーリアにフクスとして入会し、その後、正会員となり、日本に帰るまでの間、会員の誰かから勉学面での助言や指導を受けた記憶はない。

(二) 様々なイベントの企画と遂行

現役活動中の正会員(CB)は、彼ら自らの責任において、様々なイベントを立案・企画し、内外にその活動をアピールしなければならない。CBは、例えば、大学教授、弁護士や会社役員を招いての専門的なテーマによる講演の他、式典、祝祭やパーティーを開催したり、スポーツや音楽のイベントを企画する。これらの行事はすべて、あらかじめ作成された「学期のプログラム」(Semesterprogramm)と呼ばれる行事予定表に従って、実施される。ここで、コーア・レノ・ニカーリアの二〇〇七年春学期のプログラムを紹介しておきたい。基本的には、土・日曜日以外は、毎晩のように集まり、決闘の練習をし、その後は結社ハウスのバーで一杯やるというのが日課であることはすでに述べたが、それ以外に彼らがどのような活動をしているのか、以下のプログラムでおわかりいただけると思う。

次ページに掲げるものが、学期のプログラムの具体的内容である。基本的には女子禁制であ

学生結社年間プログラム

コーア・レノ・ニカーリア
2007年　春学期

【一般行事】

2月

24日（土）10時　hst　勉学ガイダンスの日*
24日（土）20時　hct　学期最初の酒宴

3月

3日（土）21時　イースト・エンド・パーティー*
17日（土）10時　hst　時間のマネージメントに関するセミナー*

4月

21日（土）19時　マンハイム大学100周年記念式典
27日（金）19時　hct　ケルンの常連OB会員の酒宴に出席*
28日（土）20時　hct　尊敬すべきコーア・フランコ・グエストファリアと親睦をはかるための酒宴（於：ケルン）

5月

12日（土）13時　バート・デュルクハイムのブドウ園でのワイン試飲会*
17日（木）～20日（日）　ヴァインハイム連盟全体集会*
17日（木）16時　hct　中央ホールでの歓迎会
18日（金）19時　hct　城の地下ホールでの合同夕食会*
19日（土）10時　hst　ヴァッヘンブルクでの慰霊祭
20日（日）11時　hct　ヴァッヘンブルクでの朝酒会*

6月

14日（木）20時　hct　現役会員による夏の夜の夕食会*
16日（土）20時　hct　学期最後の酒宴

【内部行事】

A.結社会議　2007年2月26日、3月12日、3月26日、4月10日、4月23日、5月7日、5月21日
B.学期最初の会議　2007年2月22日
C.選挙集会　2007年6月4日
D.学期最終の会議　2007年6月18日
E.FCC(Feierlicher Corpsburschen-Convent)=拡大全体会議
2007年6月16日　10時　hst
F.Jour Fixe（定期的な集いの日）
2007年3月1日以降の毎週木曜日　20時　hct
G.OB会員の定期的酒宴*　毎月の第一金曜日

るが、右肩に*印のついたイベントには女性も気軽に参加できる。また、hstは、ラテン語のhora sine temporeの略語で、「時間どおりに」の意味である。一方、hctは、同じくhora cum temporeの略であり、「一五分遅れて」の意味で、ドイツ語ではakademisches Viertel（大学の一五分）と言う。ドイツの大学では、伝統的に講義などが定刻より一五分遅れて始まるため、このような言い方が一般的になっているのである。

このプログラムの表側には、その学期の結社幹部（三名）および新入生世話係（一名）の名前、OB会会長名とその連絡先、また結社の銀行口座番号および所在地と連絡先が記されている。さらに最後のページは結社の紹介にすべてを当てている。彼らの活動目的等を知る上で、極めて重要な箇所なので、ここに紹介しておこうと思う。

コーア・レノ・ニカーリアは、マンハイム大学で最も古い学生結社である。我々の結社は、生涯を通じた友情をはぐくむ学生団体であり、寛容・実行・友情の原則をモットーに、若者の社会的能力の涵養《かんよう》に努めている。

その際、年長の学生の経験が若い学生の助けとなる。つまり、勉学の個別指導、年長の学生による勉学計画支援、OB会員による企業実習の斡旋などが行われる。この意味において、コーア・レノ・ニカーリアは、若い学生をしっかりと指導することで、その者が成功裡《り》に勉学を終える可能性を提供するのである。

これらの利点とともに、コーア・レノ・ニカーリアは、大学および結社生活の友情に満ちたものの見方に重きを置いている。

数あるイベントの中で特にユニークに思われたのが、路面電車貸切パーティーである。ドイツの路面電車は、日本のそれとかなり異なり、地方の都市でも十分発達している。行き先に応じて様々な路線が用意されており、乗り間違えるととんでもないところに連れていかれる。三両や四両からなる長い車両のものが使われ、終点の駅まで一時間半かかるような路線もあり、エコ意識の強いドイツ市民に日常的に愛用されている。

我がコーア・レノ・ニカーリアの創設記念日に、我々は、市当局と交渉し、路面電車を一つまるごと三時間貸切にして、市内をぐるぐる走ってもらい、電車の中で飲めや歌えのどんちゃん騒ぎ――これはおよそ日本では想像もできないほどの体験であった。電車のフロントガラスの上方にある行き先案内プレートには、「特別電車」と記されてあるが、それとは知らない一般乗降客は、その電車が近づくと、来た来たと思い、乗り込む態勢になるが、電車は停留場をそのまま通過していく。通り過ぎていく電車をいぶかしげにみる一般乗降客を上から見下ろしながら、みんな、言いようもない優越感と痛快な気分に包まれる。実際、停留場が近づくたびに、パーティーは盛り上がった。停留場に停まることなく、そのまま通過していく電車を唖然として見つめる人々の表情が、最高の酒の肴《さかな》なのだ。

九　酒宴（Kneipe）＝学生結社の伝統的な飲み会

（一）酒宴のやり方とその目的

クナイペ（Kneipe）とは、ドイツの学生結社で行われる伝統的な酒宴、飲み会のことであり、その起源は、中世の学生寮や、手工業の職人の間で行われていた極めてユニークな酒盛りに求められる。しかし、この古くから伝わるドイツに特有な酒宴は、単なる飲み会ではなく、一つの共同体における人間形成のための大切な場であり、学生結社生活の中心をなす基本的な慣習である。これは、学期中はもちろんのこと、各学期の開始、あるいは終了時に、また、決闘のあとや会員の結婚を祝う際にも開催される。同じ酒宴でも、特に厳粛で儀式ばったものは、「コメルス」（Kommers）と呼ばれ、クナイペと区別されている。コメルスは、結社の創立記念日などの折に開かれる。

これらの酒宴は、通常は個々の結社ハウスの中でも一番大きなホールである中央集会室で開催される。正面の雛壇《ひなだん》には、礼服を身にまとった幹部三人が豪華な椅子に腰かける。そこからU字型になったテーブルを挟んで四列になって他の会員たちが座り、さらに、幹部の真向かいの末席に一人の新入生世話係が陣取る。そして、彼の周りに新入会員フクスたちが着席する。幹部以外の酒宴の参加者は全員、ダーク系のスーツに身を包み、ネクタイを締め、また、結社のリボンをつけ、帽子をかぶることが会の規則で定められている。

クナイペは、決まって夜の八時から始まり、公式の部、非公式の部、そして無礼講の部というふうに時間帯によって名称を変え、続けられる。公式の部は、昔から伝わる定められた慣習・作法に則って行われる極めて厳粛なものであるが、非公式の部は、型にはまらない、非常になごやかな宴会である。

（二）公式の部

最初に行われる公式の部は、通常は二時間くらいあり、夜の八時から一〇時くらいまで続く。会長の酒宴開会の挨拶のあと、公式の部の最初の学生歌がピアノの伴奏とともに歌われる。そして、会長がOB会員たちに挨拶の言葉を述べる。二曲目の歌の間に、会長は、友好的な関係にある他の学生結社を代表して来ているゲストたちや招待客に次のようなお決まりの挨拶をする。

「ご静粛に！　我々は、今晩、親愛なる学生結社コーア・トイトニアを代表してお見えになっているヘルマン・ハインツ（仮名）氏に、心から歓迎の意を表し、お越しいただいたことに感謝し、謹んでご挨拶申し上げる。楽しいひと時を我々とともにお過ごしいただければと思う。尊敬に値する結社コーア・トイトニアと我が結社の親密な関係が半永久的に持続し、そして、今後更に深まることを祈念して、杯を上げよう！」

乾杯のあと、三曲目の歌が合唱され、会長のスピーチが続き、そのあと、今度はゲストたちから型どおりの挨拶の言葉が述べられる。最後に四曲目の学生歌が全員で歌われ、これで一応公式の部は終了する。

公式の部のあいだは、ビールをOB会員たちに運ぶフクスとそれを手伝う一部の現役会員以外の者は、いたずらに席を立ったり、歩きまわったりすることは固く禁じられている。当然のことながら、女子禁制であり、喫煙も許されない。次のような「酒宴／ビール作法集」に厳格に従って、執り行われる。

- 帽子は常にかぶっていなければならない。
- どうしても席を立たなければならない時は、その場を離れる時と戻ってきた時にその都度そのことを告げなければならない。
- 幹部は、いかなることがあっても、会場から出てはいけない。
- 幹部は、食事をすることは許されない。

この公式の部を統率するのは、会長であり、参加者全員が彼の指示に従わなくてはならない。会員同士で話が弾んでいても、会長がひとたび「ご静粛に！（Silentium！）」を口にすると、その場に居合わせる全員が話をやめ、会長の言うとおり行動しなくてはならないのである。会場が結構広いので、酔いがまわってくると、みんな大声でしゃべり始め、会長の「ご静粛に！」の声がかき消されることがある。そんな時は対面にいる新入生世話係自身が「ご静粛に！」と大声を張り上げ、会長の補佐役を務めるのである。

（三）非公式の部

非常に厳粛な雰囲気のもとで行われた公式の部が終了し、一五～二〇分程度の休憩をはさんだあと、それまでとは打って変わったような、なごやかな非公式の部が始まる。ここでは、基本的にスピーチは行われず、皆が自由に歓談し、時には歌が歌われるが、公式の部のような堅苦しいものではない。また、慣習・作法に従った振る舞いである限り、席を自由に変わってもよい。ここで会長は、自分が座っていた席を、OB会員などに譲る。決闘の酒宴の時には、決闘当事者に、また、他の学生結社との友好的な酒宴の時には、相手方の結社の会長にそれぞれ席を譲ったりする。彼らは、会長に代わって、非公式の部の司会・進行を務めるのがならわしになっている。約一時間後、司会・進行権は、再び会長に戻され、彼が「お開き」を告げ、この非公式の部は終わる。

この酒宴の公式の部にしろ、非公式の部にしろ、各テーブルをまわって、OB会員や先輩会員の空になったビールジョッキを回収し、厨房《ちゅうぼう》に行き、そこでビールを注ぎ込み、再びそれを運んで各テーブルに置くという作業は、すべて新入会員であるフクスたちの仕事なのである。まさに体育会系の飲み会と同じなのだ。「おい、フクス！　ビールがないぞ。はやく持って来い！」とどなりつけられるのは日常茶飯事である。年配の会員からすると、フクスはまさに彼らの奴隷、使用人に等しいのだ。また、先輩が「よし！」というまで、いわゆる一気飲みを皆の前で強要されることもある。

さらに、フクスは、この酒宴の非公式の部を盛り上げるために、先輩会員たちを前にして、芸を披露しなければならない。芸といっても、ウィットに富んだ詩を朗読したり、あるいは、こっけいな小話や自分の体験談などをユーモアたっぷりに話して聞かせる場合がほとんどである。これは、「フクスの演芸会」（Fuchsenmimik）と呼ばれる出し物で、この余興がおもしろくなければ、つまりウケなければ、先輩たちの失笑を招くことになるし、もし、これがウケれば、おもしろい男として学生結社の会員から認知される。OB会員の中には、これが楽しみで酒宴に参加する者もいる程である。

私は、例の新入生世話係のマティアスと相談し、彼から『ドイツジョーク集』という本を借りて、その中から東洋人と西洋人の両方を揶揄《やゆ》したこっけいな小話を選んで、自分なりに少しアレンジすることにした。毎日、できあがったテキストを何度も何度も頭に覚えこんで、繰り返し繰り返し発音や間の取り方をライプブルシュのアレクサンダーにチェックしてもらい、もうこれ以上ないというくらいの周到な準備をして、酒宴のフクス演芸会に臨んだ。その結果、私の小話は先輩会員たちに馬鹿ウケし、これを機に、日本からやってきた「侍コメディアン」(Samurai-Lustspieler)という奇妙な称号をもらってしまった。

(四) 無礼講の部

学生結社の幹部たちが彼らの席を後にし、非公式の部も終了すると、「ビアドルフ」(Bierdorf)と呼ばれる無礼講の部に入り、先輩や後輩の関係もなくなり、飲めや歌えのどんちゃん騒ぎとなる。言うまでもなく、この時点では出席者のほとんどがかなりできあがっている。おもしろいのは、時折、「逆ビアドルフ」なるものが行われることである。これは新入会員であるフクスたちが幹部席に座らされ、逆にOB会員や正会員の一部が、フクスの役を演じるのである。今や酒宴の親分となったフクスたちは、基本的に先輩会員たちに何を要求してもいいのだが、彼らに対する遠慮と緊張感から、恥ずかしそうにその幹部席にただ座っているだけなので、先輩会員たちは、そのフクスたちの様子を見て楽しむのである。これは、たいてい二〇分くらいしか続かないが、酒宴が最高に盛り上がる瞬間でもある。

その後しばらくして、だいたい夜の一二時過ぎにその日の酒宴は一応お開きとなる。すでに触れたとおり、酒宴は女子禁制なので、この時点まで、会員の奥さんや彼女たちは、酒宴の行

図14　学生結社の伝統的な飲み会の様子。右から三番目が著者。左の右横を向いた老人がマックス

われている中央集会室の隣にある応接室に待機していなければならない。男女同権の今の時代にあって、このような「男たちだけの世界」に理解を示しながら、酒宴が終わるのをじっと待ちうけているとは、にわかに信じがたいが、時折酒宴に同行し、彼女たちとともに「待機」していた妻によれば、こっそり誰もいないバーに皆で行き、女子会を楽しみつつ、長い夜を過ごしていたらしい。

なお、年配の会員たちのほとんどは、一人またひとりと家へと帰っていくが、若い会員の多くは、その後も飲み続ける。ビリヤードに興ずる者もいれば、ビールジョッキを片手に何やら真剣な顔つきで議論に熱中するものもいる。あっという間に午前二〜三時になる。

その中に誰よりも必ず最後まで飲み続ける有名な

豪傑が一人いた。やたら声がでかくて、アニメに出てきそうなくらいの太いゲジゲジ眉毛《まゆげ》をしたマックスという当時すでに八十歳くらいの伝説のOB会員であった。このどことなくユーモラスで、若い会員たちからも一番慕われていた老人は、戦争体験もあってか、東洋人としてはじめて結社に入会した私に対して特に好意的であった。彼の周囲にはいつも笑い声が絶えなかった。

マックスが、なぜ、ミスター・レジェンド、伝説の男かというと、その酒量にあった。酒豪として知られている若い会員が何人も彼に飲み比べを挑んだが、マックスに勝てるものは誰一人としていなかった。実は、父親譲りで酒に強かった私も一度チャレンジしたが、足元にも及ばなかった。酒宴は、いつも夜の八時から始まったが、その老人はいつも一番最後まで飲んでいた。朝の四時ごろまでは飲み続けていた。それにしても恐ろしい体力……。九十三歳で昇天する直前まで飲み続けていたという、まさに伝説の男である。私と同期のクラウスという若者は、このマックスの孫であるが、マックスじいさんの陽気さと親切さをそのまま譲り受けていた。私たちはすぐに親しくなり、その親交はもちろん今でも続いている。

フクスの期間を含めて四ゼメスター（四学期＝二年間）の間、結社の会員として活動し、規則に定められた回数（三回）の決闘を行った者は、現役引退の申し出をすることができる。結社の事情がそれを許さない場合や、その申し出をした者が結社に対する義務を十分果たしていないとみなされた場合、この申し出が受け入れられないこともある。

現役引退の申し出が受諾されれば、その会員は、ｉａＣＢ＝「現役を退いた活動中でない正会員」となる。このｉａＣＢには、少なくとも一学期（＝半年）に一度、自分たちの近況を結社に書面で報告することが義務づけられている。もし、この義務を怠り、その後、会長から二度の警告を受けてもなお、報告の義務を果たさない場合、結社はその者に脱会を勧告することができる。実際、私が結構親しくしていたｉａＣＢの中にも、この半年に一度の報告を怠ったため、結社を脱会させられた仲間もいた。実を言うと、私自身も、日本に帰国後、うっかりしてこの報告をしなかったため、案の定、しばらくして結社から警告状が送られてきた。私はただちに返事を書いて、どうやら事なきを得た。

ｉａＣＢには、原則的には結社の公的な催しに参加する義務はもはやない。しかし、結社の所在地の近くに住むｉａＣＢは、次のような公的な行事には必ず参加しなければならない。

・結社創立記念日および創設祝賀祭の会議と酒宴
・結社が所属する学生結社連盟の大集会
・学期ごとの最初と最後の酒宴

一一　OB会員になること（Philistrierung）

ｉａＣＢは、大学卒業後、就職してから原則として一年以内にＯＢ会員になるための手続きを取らなければならない。ＯＢ会員になるための申請手続きは、その本人から文書によってなされ、まずは「結社会議」（ＣＣ）の承認を必要とする。しかし、そのｉａＣＢが、結社に対する義務をまだすべて果たしていないとみなされた時、例えば、支払われるべき借金が未払いのままになっているような場合、その申請は却下され、その者はＯＢ会員にはなれない。

私の場合は、ドイツ留学を終えて日本に戻ってきてから六年後にＯＢ会員になった。帰国してから半年後、私は運よく非常勤講師として大学の教壇に立つことができた。しかし、生活は苦しく、夜は塾の講師や家庭教師をやりながら、何とかぎりぎりの生活を送ることができた。六年間のこのような生活の後、ようやくある大学の専任講師として奉職させていただくことができたので、その時点でＯＢ会員の申請手続きを行ったのである。

コーア・レノ・ニカーリアOB会員連盟（AHV＝Alter Herr Verband）に所属するOB会員たちは、現役の会員が活動する結社組織の直接の管轄下にはない。しかし、その活動は独自の深さと広がりを持つ。日本の大学における体育会のOB会もその結束の強さで知られているが、ドイツの学生結社のそれは無類である。特に、決闘を会員に義務づけている学生結社の会員相互の結束力は、決闘をしない学生結社のそれとは比べものにならないほど強い。「決闘」という共通の体験から自ずと生まれてくる兄弟愛のようなものによって、会員同士が強い絆で結ばれているからだ。

コーア・レノ・ニカーリアのOB会員たちも、日本でもよく知られているあるビール会社の社長、大学教授、弁護士、ダイムラー社の営業部長、会社員、医者、税理士、写真家、通訳、実業家、DJなど、実に多彩な顔ぶれで、年に数回開催される酒宴では、彼らが勢ぞろいする。したがって、すでに述べたように、全員が大学生である現役の会員たちにとって、この酒宴は、とりわけ大きな意味を持つ。つまり、酒宴は、現役の結社会員相互の絆を深めるのみならず、彼らが自分たちのことをOB会員たちによく知ってもらい、アピールするための絶好の機会なのである。事実、決闘連盟に所属する学生結社の学生たちから「就職の不安」という言葉を聞くことはほとんどない。

私も、数人のOB会員から、将来の職に関する勧誘を受けた。そのほとんどが、「コーア・レノ・ニカーリアのOB会員連盟で全面的に支援してあげるから、もう何年かドイツに滞在し、その後、日本の企業とも取り引きのある我々の会社に就職しないか？　お前の将来は確約するから」というものであった。一時は、このままドイツで就職しようと私は真剣に考えた。アレクサンダーをはじめとした結社の仲間（兄弟）たちとドイツの地で骨を埋《うず》めても構《かま》わないとまで思った。しかし、私は決心した。日本に帰ろうと。

メンズーア（決闘）をはじめとしたドイツの学生結社で得た様々な貴重な体験を、自分で身を持って体感したドイツの一文化を、なんらかの形で広く世に伝えたい……という思いが、私に日本への帰国を決心させたのである。

一二　戦いと絆の証し

日本への帰国の当日、マンハイム駅で、結社の仲間たちから真剣と結社ハウスの玄関の鍵を贈られた。そのことは本書のプロローグですでに述べたが、この話には、実は続きがある。真剣は、受け取ったもののそのまま携帯するわけにはいかない。途方に暮れていると、ルーディーが真顔でこう言った。

「機長に直接預けたら問題ないさ」

「本当か？」と私が聞き返すと、その場にいた全員大爆笑。

「冗談だよ、後で送ってやるよ」とルーディーが満面に笑みを浮かべて私の肩に手を置きながら言ったのだった。

帰国してから約一か月後、重たい荷物がコーア・レノ・ニカーリアから送られてきた。急いで荷を開けると、そこには、思いがけない感動の贈り物があった。メンズーアの練習の時にいつも使っていたヘルメットだ。私を含めた結社の兄弟たちの汗が染み込んでいるこのヘルメットは、彼らにとっては剣と同じくらい大切なものである。それを私に贈ってくれたのだ。剣はやはり無理だったか、と諦めかけていると、剣の柄（握りの部分）だけが目に飛び込んできた。その横にあった包み紙を開くと、四本に分断された刃が出てきた。骨董品《こっとうひん》のような特別の許可証を申請することもなく、普通郵便で送られてきたため、剣の刃は、名古屋の税関でガスバーナによって無残にも四つのパーツに切られてしまったのだ。私は、しばらくの間茫然としていたが、

「せっかく結社の兄弟たちが船便で送ってくれた剣は、どんな形になろうともやはり私の宝物。真剣を用いた決闘が法的に許されているドイツで暮らす彼らに、日本の刃物に関する法律事情

を斟酌《しんしゃく》することなどできるわけがない。ずっと大切にしよう」

そう思った。現在でも、この剣の柄と四つの刃、そしてヘルメットは、私の研究室に大切にしまってある。

また、結社の会員たちからは、毎週のように近況を報告する手紙が届いた。そして、それと平行して、結社幹部やOB会員連盟からも、学期のプログラム、酒宴、聖ニコラウスの祝祭、コーアの連盟の集会、創立記念祭などといった各種イベントへの招待状が次から次へと送られてきた。もちろん、会報誌やバースデーカードも忘れずに。遠い日本にいる私に全幅の信頼をよせ、また片時も自分のことを彼らが忘れていないということを示す一つのメッセージだった。そして、それは何十年と経過した今でも変わらない。私の研究室には、これまで送られてきたそれらの郵便物をすべて大切に納めた段ボール箱が三つある。これからもその数は増え続けていくにちがいない。

大学に奉職して三年目、私はドイツセミナーの引率教員として久々にドイツを訪れる機会に恵まれた。私が勤めている京都外国語大学は、いろいろな国々の大学と国際交流協定を結んでいるが、ドイツ語学科は、以前からマンハイム大学との交流を深め、毎年二～三名の交換留学生（留学期間は半年から一年）を相互に派遣している。その他にも、本学の学生が毎年二〇名程度参加するドイツセミナーがあり、約一か月間、学生たちはマンハイム大学で語学研修を受け、それぞれホームステイする。この間、学生たちをサポートするため、引率教員は、ホテルもしくは大学の宿泊施設で過ごす。

一九九二年二月十四日に大阪の伊丹空港から飛び立ち、約一四時間後、私たちは午前一〇時ころマンハイムに到着した。約一〇年ぶりのドイツで、私はかなり興奮していた。マンハイムは、言うなれば私の第二のふるさとである。学生たちを、出迎えに来たそれぞれの家族に託すと、私はすぐさま滞在ホテルに赴き、チェックインを済ませた。早速、私はビールや食料品を買うために、カウフホーフというデパートの地下にある食料品売り場に向かった。そして、事件はそこで起きた。深い反省の念とともに、二十余年を経た今だからこそ語れる大失敗談である。

私はショッピングカートに自分のセカンドバッグを一瞬置いて、横のワイン棚から好きなワインを選び、カートにそれを置こうと視線を戻した。なんとセカンドバッグがない！　私がセカンドバッグから目を離したのはほんの四〜五秒。すぐに店内を見回したが、逃げようと走り出す者は誰一人としていなかった。皆、何事もなかったかのように、普通に買い物をしていた。

見事に盗まれた。そのセカンドバッグには貴重品が入っていた。ドイツ（EU）の運転免許証（ちなみに日本のような書き換えの必要はなく、いったん取得したものは死ぬまで有効）、日本の運転免許証、パスポート、各種クレジットカード、現金、住所録、連絡リストなど、すべてが入っていたのだ。

首をうな垂れてホテルに戻ったが、茫然自失となり、まず何をすべきかさっぱりわからない。とにかくコーア・レノ・ニカーリアの番号だけは辛うじて覚えていたので、藁《わら》にもすがる気持ちで電話をかけた。受話器をとった結社の会員に事情を説明すると、一五分後に、見知らぬ結社の兄弟が二人ホテルの部屋に駆けつけてくれた。彼らの車で私は最寄《もよ》りの警察署に行き、事の顚末《てんまつ》を報告した。一人の警官からのお決まりの質問、

「こんにちは。あなたの身分を証明できるものは何かありますか？」

に愕然《がくぜん》とした。パスポートもドイツの免許証も盗られた今、日本から遠く慣れた異国の地で、自己の存在、自分が誰かを証明するものは何もない。まるでカフカの小説の世界だ。何も答えられずに困惑していると、アレクサンダーが仕事中にもかかわらずすぐに駆けつけてくれた。現金やクレジットカードを盗まれたのはもちろん悔しいけど、一番ショックなのは、ドイツの運転免許証がなくなってしまったことだと彼に言うと、

「俺がミッチーの立場だったら、同じように思うだろうな。でも、何よりもまずパスポートの再発行が先決だ。それを済ませたら、免許証の再発行が可能かどうか、一緒に市の公安局に行こう」

とアレクサンダーが提案してくれた。もともと、雄弁な方ではなく、どちらかというと口下手で朴訥《ぼくとつ》な人柄の彼は、マンハイム大学法学部を卒業して間もなく弁護士の資格を取り、マンハイムの法律事務所で働いていた。私は、フランクフルトの総領事館に行き、それから五日後に無事新しいパスポートを手にすることができた。早速、二人で公安局へ行き、事情を女性の担当官に説明すると、しばらくして彼女は冷たくこう言い放った。

「菅野氏は、現在は日本に住んでおられます。以前この町に住んでおられたようですが、現住所がマンハイムではないので運転免許証の再発行はできません」

至極もっともだと思いつつも、私は、弁護士としてアレクサンダーがうまい反論をしてくれるものと思って彼の顔を覗き込んだ。ところが、こちらの期待に反して、彼は、

「わかりました」

と一言言っただけだった。意外だった。少なからず、私は彼に失望した。不満げな私を無視するかのように、アレクサンダーはもう帰ろうと私を促した。その後日本に帰るまでに一度だけ

彼と飲む機会があったが、その件に関して彼は一切触れようとしなかったし、弁護士とは言っても、得意な分野もあれば不得手な分野もあるのだろうと好意的に解釈し、私の方からも彼に何も尋ねなかった。

セミナーの引率を終え、私が日本に戻ってからというもの、お互いに忙しいということもあったが、実のところ二人とも極度の筆不精《ふでぶしょう》だったので、結局、私たちお互いの連絡は完全に途絶えた。私たち二人がマンハイムで最後に会った日から気が付けばもう一年あまりの月日が流れていた。そして、私は、ドイツの免許証のことなどすっかり忘れてしまっていた。

そんなある日、珍しく、アレクサンダーから手紙が届いた。どうしたのだろう？　と思いながら、封を開けると、何とそこには、再発行された真新しい私のドイツの運転免許証があるではないか！　しかし、それ以外には、走り書きした紙切れ一枚すら入っていなかった。彼は、若手弁護士としてこの一年間、仕事の合間を見つけては公安局に足を運び、書類をそろえて、ついに私の免許証を取り戻してくれたのだ。一銭の得にもならないのに。いかにもアレクサンダーらしい。そう思うと、目頭が熱くなった。思うに、我がコーア・レノ・ニカーリアの仲間たちは、彼のような、普段からそれほど多くを語らないが、いざという時には必ず誠意ある行動・態度で応えてくれる不言実行タイプが多い。あれから二〇年、現在、アレクサンダーは、

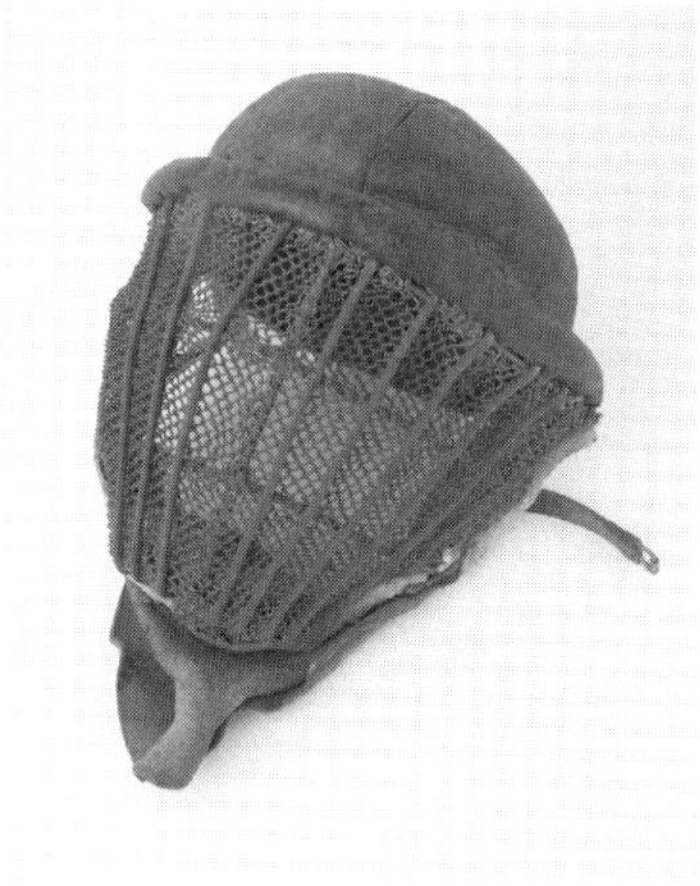

図15　コーア・レノ・ニカーリアから送られてきたメンズーアの練習用ヘルメット

図16　再発行されたドイツ（EU）の運転免許証

マンハイムで弁護士事務所を自ら開設し、多忙を極めている。一人の朴訥なタイプの弁護士として。そして、彼だけが知っている私の宝物、その運転免許証は、今でも書斎の机の中に大切に保管されている。プロローグで述べた、帰国の間際に手渡された結社ハウスの玄関の鍵と、その後私の手元に贈られてきた新しい現在の鍵とともに。

結社からの郵便物とメンズーアの練習用のヘルメット、そして、剣を含めたこれらすべてのものは、私がドイツの学生結社コーア・レノ・ニカーリアの兄弟の契りを交わすために真剣を手にしてかつて戦ったという生きた証しであり、これからも私の心の中で、私だけの宝物としてその輝きを放ち続けるであろう。

第四章　伝承と継承

高貴なる野蛮

決闘は、「あらかじめ申し合わせた一定のルールに従い、相手に致命傷を与え得る武器を用いて戦い決着をつける、名誉をかけた二人だけの個人的な戦い」と定義づけることができよう。近代初期に確立された西洋における一般的な意味でのこの決闘は、元来は、貴族やエリートとしての名誉とプライドに起因するものであった。何らかの理由で侮辱されたり、自分の名誉を傷つけられたり、あるいは、当事者がそう感じた場合、それに甘んじることが、エリートのまさに死にも値する最大の不名誉とされた。そこには、騎士道精神に裏打ちされた、ある種の高貴な美学（ダンディズム）とヒロイズムがあった。その一方において、剣やピストルを用いて相手や自分を死の淵へと追いやる可能性のある決闘という行為そのものは、極めて非理性的かつ残酷なものであり、ある意味では不合理で理不尽にさえ見え、その点で決闘はまさに高貴なる野蛮と呼ぶにふさわしいものである。一般的な決闘は十九世紀の後半には西洋の至る所で衰退していったが、それに対して、ドイツの大学に固有な決闘（メンズーア）は、現代に至るまで連綿と継承されている。メンズーアと、学生によるこの高貴なる野蛮を支える伝統的な学生結社はいったい何のために存在し続けているのであろうか。これについて、その歴史的経緯を踏まえつつ、他国との類似文化と比較しながら考えてみたい。

第一章で軽く言及したが、まずはドイツの学生結社の成立過程を、さらにそのルーツを辿《たど》りつつ、再度眺めておこう。

一　国民団（ナツィオーン）とは何か

世界最古の大学は、一一一九年に創設されたイタリアのボローニャ大学であり、より高度な学問・知識を身につけたいと思う若者たちは、ヨーロッパ全土からこの世界でたった一つの大学へと集まってきた。ラテン語が当時の知識人の間での共通言語であったとはいえ、やがて、それぞれの言語をはじめとした共通の文化的基盤を持った者同士が、それぞれの故国から遠く離れた異国の地で、お互いを助け合い、励まし合うために、同郷人会的な互助団体を形成していく。

ドイツ人ならドイツの、フランス人ならフランスの、あるいは、北欧人なら北欧の同郷人会的団体がボローニャに出現し、これらの学生団は、「国民団（ナツィオーン）」とよばれ、当時の若きエリート集団として発展していった。その後、一三四八年、プラハ（現チェコの首都）に当時のドイツ語圏で最初の大学が設立された時も、また現在のドイツ語圏では最古の大学であるウィーン大学が一三六五年に設立された時も、当時の学生たちは、それぞれの出身地域に応じて、ボヘミア、ザクセン、バイエルンなどといった国民団＝ナツィオーンにおおざっぱに区分されたが、この国民団こそ、その後のドイツ語圏の大学に登場することになる様々な学生結社団体の源泉となるのである。

これらの国民団に入会しようと思う者は、入会の儀式の際に、定期的に開かれる会の集会（会議）に参加し、会則と会の名誉を守り、会の秘密事項をいかなる人間にも口外しないことを宣誓させられた。

私は、この学生団の集会に参加し、会長と幹部に従い、この学生団の名誉を守り、また、ここで聞き知った秘密事項を他のいかなる人間にも漏らさないことを誓います。また、誓いを守らない新入生がいた場合は、これを学生団の幹部に告発することをここに誓います。

これは、十四世紀のドイツ語圏にすでにいくつも存在していたある国民団（ナツィオーン）において新入生が入会する際の宣誓の言葉であるが、この学生団がすでに秘密結社的要素を帯びていたということを明確に示すものである。

二　新入生いじめの儀式と学生同郷人会ランツマンシャフト

学生の国民団の中には、同郷人のための宿泊施設を持つものもあり、それらの施設はやがて、ドイツ語圏の各大学町で「学生寮」として十六世紀ごろまで受け継がれていくことになるが、他ならぬこの国民団の学生寮で、「デポズィツィオーン」と呼ばれる独特の新入生いじめ（いびり）の慣習が生まれ、発展していくのである。

まず、新入生は寮長の前に立って簡単に自己紹介し、その後、会員たちが待ち構えている大部屋へ連れて行かれ、動物の仮装をして皆の前に座らされる。そこへ三人の会員が現れて、その場のあまりの悪臭に驚くが、やがて彼らはその悪臭を放つ怪物を発見し、その身の毛もよだつ外見をした怪物に皆恐れおののく。やがて、一人が意を決してその怪物に話しかけ、握手を求めるが、差し出された怪物の手の鋭い爪を見て、その手を払いのける。もう一人は、その怪物に慰めのワインを差し出すが、再び罵《のの》りの言葉を浴びせながら怪物（新入り）の手からワイングラスを取り上げる。今やその心を大いに傷つけられた新入りの目に涙が浮かんでくるが、甘ったれと皆から嘲笑《ちょうしょう》され、罵倒《ばとう》される。一人が新入りから告解を聞くために告解服を身にまとって登場し、新入りの若者は性的なことを含めたいろいろな罪を告白し、彼の邪悪な行為と彼の発した悪臭を悔い改める。そして、最後に寮長から罪の許しを与えられ、会員全員がその新入りを取り囲み、費用は彼持ちで、ごちそうと酒盛りとなる。

一種の通過儀礼ともいえるこの慣習は、理性も知性もない邪悪な動物とみなされていた新入生たちに改心と内省の気持ちを覚醒させるための、一つの「お清めの儀式」として理解できるのである。特に、性的な秘密を他の会員たちにいきなり打ち明けるのは、この年齢の若者にとっては最も抵抗を感じることであろうが、これを乗り越えない限り、会員相互の真の絆は結ばれないという理屈である。

人文主義と宗教改革（一五一七年）の影響のもと、ドイツの領邦国家の君主たちは、それぞれの領邦国家のプレステージを高め、自らの領邦国家の中で次代を担うエリートを自力で確保するために、こぞって大学を創設していった。それにともなって、存在意義を失った国民団と学生寮は消滅していき、それに代わって十六世紀になると、特にドイツのプロテスタントの大学で「学生同郷人会ランツマンシャフト」が出現し、学生間の決闘（メンズーア）や様々な慣習の基礎を確立し、十八世紀後半まで隆盛を極めることになる。

同郷人に対する社会的保護と支援という点では、それまでの国民団（ナツィオーン）と共通の理念を持っていたが、国民団が大学公認の組織であったのに対して、学生同郷人会は、国民団よりも更に細かく区分された同郷の地域出身者たちによる、私的な団体組織であった。この学生同郷人会ランツマンシャフトもまた、新入生いじめの儀式（デポズィツィオーン）を継承した。そして、すでに述べたように、他ならぬこの学生同郷人会が、ドイツ語圏に今日でも存在する学生結社のルーツとなっているのだ。

三　エリート養成機関　ドイツの学生結社とアメリカの学生クラブ「フラタニティ」

ドイツでも日本でも、「学生」はもはや必ずしもエリートと呼べる社会的階層ではないかもしれないが、歴史的にみると、メンズーア＝決闘をはじめとした古くから伝わる独自の学生の慣習・しきたりと伝統をいまだに守り続けているドイツの学生結社は、元来はエリート養成機関としての役割を持っていたし、今でもそのような側面を持っていると言えよう。

エリートを養成する学生団体（クラブ）＝フラタニティと聞けば、すぐさまアメリカで三番目に古いエール大学（一七〇一年創設）の学生秘密結社「スカル・アンド・ボーンズ（頭蓋骨と骨）」を思い浮かべる方もいるだろう。二〇〇四年のアメリカ大統領選挙の時に、共和党と民主党を代表する二人の大統領候補、ジョージ・W・ブッシュとジョン・フォーブス・ケリーがともにこの「スカル・アンド・ボーンズ（SKULL & BONES）」のメンバー（本書では以下、ボーンズマンと記す）であったことから、この学生秘密結社は一躍有名になった。

「兄弟」を意味するラテン語の Frater に由来する「フラタニティ（Fraternity）」は、アメリカの大学のキャンパスでよく見受けられる、二～三文字のギリシャ文字を掲げた独自の建物（結社ハウス）を拠点にして自主的に様々な活動を行っている学生結社（クラブ）であり、特定の宗教、人種、思想などに基づいて作られた閉鎖的なもの、法律・医学・ビジネスなどの専門職に就くためのスキルを磨くことを目的とした開放的なものなど、実に様々なタイプの団体がある。アメリカに最初に結成されたフラタニティは、合衆国でハーバード大学（一六三六年創設）に次いで二番目の歴史を誇るウィリアム・アンド・メリー大学（一六九三年創設）において一七七六年十二月に作られた「ファイ・ベータ・カッパ」である。

スカル・アンド・ボーンズは、アヘンの密輸によるアメリカ初の麻薬ビジネスで巨額の富を得ていたラッセル一族の一人であり、当時、エール大学の学生であったウィリアム・ラッセルが、一八三二年、未来の大統領ウィリアム・H・タフトの父親となる若きアルフォンソ・タフト他一三名の学生とともにコネティカット州ニューヘイブンにあるエール大学に設立したフラタニティの一つである。

三人のアメリカ大統領、つまり、第二七代アメリカ合衆国大統領ウィリアム・H・タフト、第四三代アメリカ合衆国大統領ジョージ・W・ブッシュや彼の父親であるジョージ・H・W・ブッシュ（第四一代アメリカ合衆国大統領）をはじめ、最高裁判所長官、歴代のアメリカ中央情報局CIA（「もう一つのアメリカ政府」とも呼ばれる秘密諜報《ちょうほう》機関）の長官、多数の上院議員と下院議員、州知事などもボーンズマンであり、国防総省などの政府機関にもボーンズマンが多く活躍している。

また、約二五〇〇名とも言われるスカル・アンド・ボーンズの歴代の会員名簿には、ロックフェラー、ハリマン、フォード、グッドイヤー、ハインツ、ヴァンダービルトなど錚々《そうそう》たるメンバーが名を連ね、彼らは文字どおりアメリカの政界・財界・官界（役人の世界）すべてを掌握し、世界を背後から動かして（操作して）いると言って過言ではない一大勢力なのだ。ちなみに、メディア関係でも、「タイム（TIME）」誌と「ニューズウィーク（Newsweek）」誌の創業者は、いずれもボーンズマンであるとされている。

本家のドイツの学生結社もまったく同様に、若き日に決闘を行い、現在でもそれぞれの学生結社のOB会員として名を連ね、ドイツ社会の一線で活躍する人物として、例えば次のような男たちがあげられる。現在のドイツ連邦運輸大臣ペーター・ラムザゥアー、ドイツ鉄道のかつての会長（一九九九〜二〇〇九年）であり、二〇一一年から二〇一三年一月まで航空会社エアベルリンの社長を務めたハルトムート・メードルン、二五年近くBMWの会長として君臨し、現在は自らの財団の会長職にあるエバーハルト・フォン・クーエンハイム、かつての連邦内務大臣マンフレート・カンター、同じくかつての連邦法務大臣E・シュミット＝ヨルツィッヒなどをはじめ、社会のあらゆる分野で、夥しい数の学生結社OB会員が、文字どおりドイツを動かしているのだ。また、故人になるが、ダイムラー・ベンツ社の元会長ヨアヒム・ツァーン、ドイツ銀行の元頭取アルフレート・ヘアハウゼンなどもドイツの決闘をする学生結社の会員だった。

したがって、現在でも活動を続けるドイツの学生結社も、アメリカのそれも、それぞれの社会で成功する人物を輩出する目的で設立された一種のエリート養成機関の一つとみなすことができる。

四　ドイツの大学とアメリカの学生結社（クラブ）

潮木守一《うしおぎもりかず》著『アメリカの大学』によれば、一八二〇年から一九二〇年までの一世紀の間に、ドイツの大学に留学したアメリカの若者の数は、約九〇〇〇人にのぼる。この期間にアメリカの大学では満足できず、抑えきれない知的好奇心故に彼らは、ドイツに渡った。それほど、当時のアメリカの大学の水準は低く、逆にドイツの大学は、知的水準という点においてもアメリカ人留学生にとって憧れの的であったのだ。

スカル・アンド・ボーンズの創設者ウィリアム・ラッセルもその一人であり、当時エール大学の学生であった彼は一八三一〜三二年にかけて一年間ドイツに留学し、当地の秘密結社イルミナティの流れをくみ、髑髏《どくろ》を結社の紋章とするある学生秘密結社を知り、深く感化される。留学を終えて、アメリカのエール大学に戻ったラッセルが、そのドイツの学生結社を真似てすぐさま設立したのが、他ならぬ学生秘密結社スカル・アンド・ボーンズであった。反秘密結社団体の風潮が高まる中、ラッセルが敬愛していた前述の学生秘密結社ファイ・ベータ・カッパが一八三二年以降その秘密結社性を失い、一般的な公的学生団体に成り下がっていたことも、ラッセルに設立をうながしたのだろう。

いずれにせよ、スカル・アンド・ボーンズは、ドイツの学生結社のアメリカ（エール）支部として設立されたのである。ラッセルが留学した一八三〇年代初頭のドイツでは、反体制的な団体が国家の厳しい監視下に置かれていたこともあり、学生結社団体の活動の自由も著しく制限され、ドイツの結社組織の多くが地下に潜行し、秘密結社化せざるを得ないような状況にあった。

秘密結社イルミナティ（啓明結社）とは、一七七六年五月一日、ドイツ・バイエルン王国のインゴルシュタット大学のヴァイスハウプト教授により創設された秘密結社であり、啓蒙主義（旧来の封建的な制度や思想に反発して、理性による思考の普遍性を主張する思想）に基づいて、人間本来の自由と平等を抑圧している封建体制、つまり、王権と教権（ローマカトリック教会や教皇の権力）を打倒して、人類の原始時代のユートピア的な社会を復活させることを密かに目論《もくろ》むものであった。

スカル・アンド・ボーンズは秘密結社であるため、その活動内容については長い間厚いベールに包まれていたが、エール大学の別の学生秘密結社に所属していたアレクサンドラ・ロビンスの『スカル&ボーンズ　秘密クラブは権力への通路』（SECRET OF THE TOMB-SKULL AND BONES, THE IVY LEAGUE, AND THE HIDDEN PATHS OF POWER 二〇〇二年）やクリス・ミレガンとアントニー・サットンによる共著『闇の超世界権力スカル&ボーンズ』（FLESHING OUT SKULL & BONES 二〇〇三年）により、この学生秘密結社の全貌が次第に明らかとなってきた。また、日本でも越智《おち》道雄《みちお》氏の『秘密結社―アメリカのエリート結社と陰謀史観の相克―』（二〇〇五年）などでこの結社に関する詳細が明らかにされている。

今日のドイツの学生結社は、四～五階建ての立派な独自の結社ハウスをそれぞれ保有し、そこを活動の拠点としているが、スカル・アンド・ボーンズも「トゥーム（墓陵）」と呼ばれる風変わりな結社ハウスを所有している。通常は地上二階と地下一階からなるトゥームの一階にはメインホールがあり、二階はいくつかの部屋に分かれていて、その内の一部屋には、四つの人間の髑髏が描かれた絵が掛けられ、「どちらが愚者で、どちらが賢者か、また、乞食か、それとも王か（Wer war der Thor, wer Weiser, Wer Bettler oder, Kaiser ?)」と「貧しき者にも富める者にも死は等しく訪れる(Ob Arm, Ob Reich, im Tode gleich)」というドイツ語の文句が刻まれているという。

図17　スカル・アンド・ボーンズの絵（『闇の超世界権力スカル＆ボーンズ』徳間書店、2004年より）

ドイツの学生結社は、特に十八世紀の終わりから十九世紀前半にかけて、一時的に秘密結社化するが、それ以降は、原則的には開かれた組織として活動していったし、現在でもそうである。アメリカの多くのフラタニティも同様に、閉鎖的なものはそれほど多くなく、一般学生に広くその門戸を開いている学生結社・クラブがより一般的である。興味深いのは、本家ドイツの学生結社が、開かれた学生組織という道を選んでいったのに対して、スカル・アンド・ボーンズに代表される「閉ざされた」学生秘密結社が、現在のアメリカに依然としていくつか存在しているということである。

五　結社（クラブ）ハウス

結社ハウス（Korporationshaus / Verbindungshaus / Bundeshaus）は、それぞれの学生結社によって建てられた、あるいは、購入された建物であり、個々の結社の言わば「城」や「隠れ家」であり、結社活動・生活の拠点である。図18のとおり、どの結社ハウスも目を惹くばかりの立派なものばかりである。

ドイツの学生結社コーアやブルシェンシャフトが創設された十八世紀の終わりから十九世紀の前半までの時代においては、伝統的な学生結社団体は自分たちの「持ち家」をまだ持っておらず、彼らは、行きつけの酒場やなじみの飲食店を彼らの結社生活の拠点としていた。それらの酒場や飲食店には、通常、その学生結社の会員たち専用の部屋なり、空間なりが用意され、彼らは、結社のシンボルやアイテムを飾り、そこで、集会や酒宴を頻繁に開いていた。その結果、やがて、そのような酒場や飲食店の数が次第に不足するようになり、活動の足場となる一つの店をめぐって、複数の学生結社団体の間でのいざこざが絶えなくなったため、このような状況を打開するために、個々の結社は自らの持ち家である結社ハウスを自身で所有せざるを得なくなったのである。

図18　ドイツの結社ハウス（コーア・レノ・ニカーリア）

今日のドイツの結社ハウスには、二階あるいは三階部分に数名の現役会員が非常に安い家賃で暮らしている。また、ゲストハウスも完備され、会員の親戚や友人は、気兼ねなく無料でそこに泊まることができる。一階は、結社ハウスの言わば「心臓部」で、様々な集会・会議やイベントが行われる。中央には、集会や酒宴に用いられる一番大きな中央集会室、その隣には、少し小さめのバー、さらには、テラス、図書室、娯楽室、応接室などがある。地下には、決闘連盟に所属する結社ハウスの場合、第二の心臓部である決闘練習場と剣を保管する小部屋がある。台所と貯蔵室が併設されていることも多い。

ドイツの結社ハウスは、各大学町の中に点在しているが、一方、例えばアメリカの学生結社（クラブ）のクラブハウス「トゥーム」は、通常は各大学のキャンパス内に建てられている。トゥームは、そのほとんどが窓らしき窓もない箱型の独特な建物で、秘密結社的な雰囲気を十分に漂わせているが、ドイツの学生結社ハウスは、一般の住宅街の中に建つごく普通の豪奢《ごうしゃ》な建物であり、トゥームに比べてはるかに開放的な感じのものが多い。

六　謎めいた入会の儀式や集会　そのルーツは

スカル・アンド・ボーンズの新入会員は、トゥーム（墓陵）の中に足を踏み入れると、まず最初に、そこで行われたり、話されたりしたことは、何があっても絶対部外者にはしゃべらないことや、定期的に開かれる会の集会に参加することを誓わされる。その後で、彼らは全裸で棺桶《かんおけ》の中に横たわり、自慰行為を強要され、性体験を含めたすべての秘密を会員たちに告白しなければならない。心の中にある己の邪悪な部分や隠しておきたいことなどをすべてカタルシス（排泄《はいせつ》）し、皆の前でさらけ出すことで、それまでの自尊心やプライドは抹殺されるが、その結果、魂が浄化され、それを通じて、会員同士の信頼の絆がより強固なものとなる。

もっとも、この種の入会の儀式は、スカル・アンド・ボーンズに固有なものではなく、そのルーツは、すでに述べたとおり、中世のドイツ語圏の学生団体で行われていた「デポズィツィオーン」にまで遡る。

また、スカル・アンド・ボーンズでは、毎週木曜と土曜の夜に集会が開かれ、特定のテーマについて何人かがスピーチをして、そのあと議論が交わされたりするが、会員は全員これに出席する義務がある。また、四年生の一学年一五人からなる現役のボーンズマンは、この週二回の集会で、性体験などを含めた他の誰にも言えないような事柄を互いに赤裸々に告白し合い、また、将来の夢や野望などを語り合い、互いに自己を丸裸にすることで連帯感と信頼感を高めていくのだ。ドイツの学生結社とまったく同様に、結社の集会に参加することがすべての現役会員に義務づけられており、余程正当な理由がないかぎり、集会を欠席した場合、罰金を科せられる。

七　学生結社・学生秘密結社・秘密会に共通するものは何か

イギリスの名門ケンブリッジ大学にも、一八二〇年に創設された「ケンブリッジ使徒会（THE CAMBRIDGE APOSTLES）」というエリートの知的な秘密会があり、今日でも活動を行っている。この秘密結社は、哲学者ラッセル、ヴィトゲンシュタイン、経済学者ケインズ、詩人テニスン、小説家E・M・フォースターなど最高の知識人たちが名を連ねる、エリートの中のエリートからなる集団なのだ。

『ケンブリッジのエリートたち』（リチャード・ディーコン著、橋口稔《はしぐちみのる》訳）には、この秘密会の歴史と活動内容が克明に描かれている。それによれば、会員たちは、毎週土曜の夜に集会を開き、前もって決められたテーマで書かれた論文を一人が読み上げ、その後、夜更けまでその主題について徹底的に全員で議論を交わし、最後にその主題に関する可否を投票によって決める。会員は、特別な理由のない限り、すべての集会に出席することを義務づけられており、ドイツの学生結社の処罰規定と同じように、欠席した場合は罰金を科せられ、それでも欠席が続けば、退会処分となる。

「使徒会」では、思索は限りなく自由で何の制約もなく、正反対の意見を持つ者が互いに腹蔵なく話し合い、時には互いの欠点を指摘し合う……そのような議論と討論がとことん繰り返される。この点は、スカル・アンド・ボーンズにもそのまま当てはまることだ。

様々なテーマの論文を何本も書いて、いくつもの集会で読み上げ、様々な議論に積極的に参加した者は、二～三年後、本人が望めば、集会参加義務の免除を会に要求できる。それが認められると、卒業した会員も含めたすべての会員が参加できる年に一度の晩餐会《ばんさんかい》やあらゆる集会への参加は本人の自由となるのだ。このように、集会に出席する義務を免除され、終身会員として自由に晩餐会や会合に出席できる会員のことを、この「使徒会」では、「天使」と呼んでいる。

「ケンブリッジ使徒会」の会員の一人であるフォースターの言葉、即ち、「自分の国を裏切るか、自分の友人を裏切るか、どちらかを選ばなければならないとしたら、私は、国を裏切る勇気を持ちたいと思う」（前掲書『ケンブリッジのエリートたち』一〇七～八ページ）の中に、この会の本質的な側面が窺《うかが》える。これは、決して反愛国主義的なものではなくて、この秘密会の会員同士の絆の強さを表しているのである。彼らもまた、ドイツの学生結社の会員同士がお互いを「兄弟」と呼び合うのとまったく同様に、使徒会の会員を「兄弟」と呼ぶのだ。アメリカの学生秘密結社スカル・アンド・ボーンズ、イギリスの使徒会、そしてドイツの学生結社には次のようないくつかの共通点がある。

- 自分たちの優越感（特権的エリート主義）をどこかで誇示しながら、その一方で、自分たちだけの掟に従って行動する。
- 秘密主義的であるが、様々な活動を通して、社会の真のリーダーとなる人材を養成することを目的とする超エリート養成機関としての役割を果たす。
- 会員同士は、お互いを「兄弟」と呼び合い、生涯にわたる固い絆で結ばれている。
- OB会員たちは、強固で広範な独自のネットワークを構築し、それぞれの社会に大きな影響力をもたらしている。

八　ドイツの学生結社の特徴＝高貴なる野蛮

歴史的にみて、アメリカのフラタニティがドイツの学生結社を範と仰いでいることがわかったが、さらに、そのドイツの学生結社の起源は、ヨーロッパの騎士団に求めることができる。このような流れで学生結社を眺めた場合、前述のような共通点が浮かび上がるのはむしろ当然のことであろう。しかし、今日のドイツとアメリカの学生結社団体を比較した場合、一つの明確な相違がある。つまり、中世という時代を経験していないアメリカの学生結社の方が、中世に対する憧れの念が強く、その結果、一部のフラタニティで秘密結社的要素を依然として保持している。一方、本家ドイツの学生結社は、決闘や独自の儀式等にみられるような閉鎖的かつ神秘主義的な側面を残しながらも、社会に対してはより開放的な印象を我々に与えている。決闘も会員の案内があれば、国籍を問わず、男性なら誰でも見ることができるし、コーア・レノ・ニカーリアのような学生結社は、コスモポリタニズムを信奉し、基本的には外国人を含むすべての学生にその門戸を開いているのだ。

いずれにせよ、このような学生エリート養成機関は、ドイツにおいてもアメリカにおいても、存続の危機に直面することはあっても、それを乗り越え、これからも消滅することなく存続し続けることは確かであろう。ほかならぬ国民国家が、あるいはその社会がそれを必要とする限りは。

他の国々の学生団体にはなく、ドイツの学生結社にだけ認められる特徴は、なんといっても、これまで述べてきたメンズーア（決闘）の慣習であろう。古代ゲルマンの戦士にそのルーツがあるとされるヨーロッパの騎士道精神は、このメンズーアの中に脈々と息づいており、これからもドイツ語圏の若者たちによって連綿と受け継がれていくにちがいない。

本書でいうエリートとは、単に勉強ができる人間ではなくて、文武両道に優れ、どのような状況においても、バランス感覚を保ちながら、軸がぶれることなく、沈着冷静にその都度適切に問題に対処していける人間、繊細かつ大胆な行動をとれる人間を指している。

今日まで継承されてきたドイツ学生結社のメンズーアにおいて、目の前の敵と戦うのは自分一人であり、仲間が無言で応援してくれようとも、最後に頼れるのは自分の腕と瞬時の判断力しかない。つまり、ドイツの若者たちは、真剣を用いた決闘という一つの場面を通して、瞬時における自己決定能力と適応能力を、そしてまた、己が所属する結社団体の名誉を背負って戦い抜くという責任感を自ずと身につけるわけである。

ドイツの学生結社組織やそこで行われている決闘（メンズーア）の慣習＝「高貴なる野蛮」は、何百年も昔から絶えることなく存続してきたし、真の意味でのエリートを養成する機関としての社会でのその大きな存在意義を考えれば、これからも幾世代にもわたって確実に引き継がれていくであろう。

エピローグ

二〇一二年、とある秋の日の夜、私はコーア・レノ・ニカーリアを約一年ぶりに訪れた。結社ハウスの玄関の鍵は、日本から持ってきていたので、重い扉を開けて中に入ると、いつものように、とうの昔に亡くなった歴代のOB会員を含めた全会員の顔写真が掛けられているところへ行き、自分と同期の連中の顔写真を一つひとつ眺めた後、結社のバーに入っていった。現役の若い会員たちが数人いて、ビールを飲みながら歓談していたが、私を見ると全員が駆け寄って来たので、一人ひとりと挨拶を交わしたが、その中に一人だけ見たことのない若者がいた。

名前をもう一度聞き返すと、

「フクス（新入会員）のティム・ヘルマー（仮名）です」

と、少しおどおどして答えた。彼は、決闘＝メンズーアをまだ一度も経験していない。彼はいろいろなことを私に質問してきた。そして、最後にこう尋ねた。

「OB会員ミッチー、あんたにとってメンズーアってなんだった？」

彼は、かなり不安のようだった。

「ドイツ語で結婚式のことを、Hochzeit、つまり、人生で最高の時って言うだろう?」と私が言うと、彼は憮然《ぶぜん》とした表情でこう聞き返した。

「僕の質問にちゃんと答えてほしい」

私はこう答えた。

「俺にとって、メンズーアは、まさにHochzeitだったよ! 人生の中で最高の瞬間だった!」

おどおどしていた若者の顔が一瞬ぱーっと明るくなった。

彼はそのままバーから出ていった。

あれから約一年たった。

きっと、ハイデルベルクの決闘場のどこかで、あの若者は、今、必死になって剣を振りまわしているだろう。三〇年前の日本の侍、ミッチーと同じように。

そう、古代ゲルマンの戦士の末裔《まつえい》として。

留学時代の著者（右から二人目）

あとがき

時の流れとともに、私の左頰の刀傷の跡は薄くなってきた。これと並行してドイツ留学時代の決闘の記憶も徐々に薄れてきたような気がして、「このままではいけない」という思いから本書を上梓《じょうし》しようと思いたった、というのが本音である。一方で、次のような伏線もあり、自分の中で機が熟したとも言える。

今から約三〇年前のこと、父がお年玉付き年賀はがきで一等を当てた。当時の一等は、二〇万円相当の海外旅行クーポン引換券であったが、父はといえば大の飛行機嫌いで、そのうち家族の誰かが海外旅行する時に使えばいいということになり、ずっと父の書斎の机の引き出しの中にそれは眠ったままであった。

旧制富山高校（現富山大学）でドイツ語を学び、その後医者になった父は、無類のドイツ信奉者で、夕食の時に酔いに任せて、怪しげなドイツ語を我々子供たちによく披露してくれたものだ。

“Arbeit hat bittere Wurzel, aber auch süße Frucht”（労働は苦い根を持つが、同時にまた甘い実

も持つ）が、特にお気に入りのフレーズだったが、そんな父も二〇〇一年四月に他界した。二〇〇八年に母が八十歳になった日に、例の旅行クーポン引換券のことが話題になった。私はそれを使って一緒に旅行をしないかと提案した。あれだけドイツが好きだった父の代わりに、母をドイツに連れていくことができれば、父も本望ではないかと考えたのである。ただし、三〇年も前の引換券がそもそも有効なのか。旅行会社に尋ねると、即答ではなかったが、数日後に使用できるとの回答を得た。結局、我々は二週間のドイツ旅行に出かけた。母にとっては生まれてはじめての海外旅行である。

一九八二年七月、ドイツ留学を一応終えて帰国した時も、またそれ以後も、父も母も私の頬にある刀傷のことを私に一度も尋ねなかった。もちろん自分から斬られたなどとは言えるはずもない。旅行中、留学していたマンハイムで、母をコーア・レノ・ニカーリアの結社ハウスにも連れていき、決闘のことを少し説明した。しかし、母はあまりよく理解できない様子だった。とうに時効だとは思っていたが、やはりほっとした。その母も二〇一一年九月に旅立った。「なぜ、ミッチーは決闘したの？」とこれまで多くの人に聞かれたが、一言では納得のいく返答ができなかった。本書全体がその質問に対する答えになっていると思う。

今は亡き両親への誠実な告白であると同時に、本書が、これまで出会った人たち、これから生きる若者たちへのささやかなメッセージになることを願っている。
最後に、このようなあまりにも個人的なドイツでの決闘体験談を上梓することができたのも、私の曖昧になった記憶と不確かな知識を、喜んで補ってくれたコーア・レノ・ニカーリアの結社仲間の兄弟愛と、これまで出会った様々な人たちの協力によるものであり、また、本書の企画と校正に深く関わっていただいた集英社新書編集部の伊藤直樹氏のご助力のお蔭である。ここに記して感謝の意を表したい。

二〇一三年十月

菅野瑞治也

付録　昔から伝わる学生結社の慣習

一　作法集（Comment）

学生結社に独特な伝統的な「慣習」、「ならわし」を体系的に整理し、規則化した作法集は、Comment（元来はフランス語で、英語のhowにあたる「どのように」の意）と呼ばれ、学生結社の会員は、以下のような細かい伝統的規範に従って、活動を行っている。つまり、好きな時に飲みたいだけ飲んで、歌いたいだけ歌い、また、所構わず決闘をしているわけでは決してなく、これらの文書化された作法集に則って結社生活を送っているのだ。

（一）一般作法集：学生結社における全般的な礼儀作法や振る舞い方を定めたもの
（二）酒宴／ビール作法集：祝祭的行事や祝典の礼儀作法やエチケットを定めたもの
（三）決闘作法集：決闘の際の規定集
（四）カラー作法集：服装やアクセサリーに関する規定集

それぞれの学生結社は、その結社独自の作法集を持っているが、相互に多くの共通点がある。

二　学生歌

いつの時代にあっても、またどこの国においても、学生たちは歌をこよなく愛し、また彼ら独自の歌を持っていた。メルヒオール・フランク、ヨハン・ヘルマン・シュタインなどといった音楽家たちは、すでに十六～十七世紀にかけて、いくつもの学生歌を作曲している。十九世紀に入って出版された『全ドイツ学生歌集』（Allgemeines Deutsches Kommersbuch）は瞬く間に市場を独占し、ドイツ学生歌のバイブルとして今日でも実に一八〇以上の版を重ねて出まわっている。そこに含まれるほとんどの歌は、青春時代、恋愛、遍歴、酒、祖国をテーマとしている。古くから伝わるこれらの美しいメロディーと含蓄のある詩を何とか今日まで守ってきたのが、他ならぬドイツの学生結社に所属する学生たちなのである。ただし、我がコーア・レノ・ニカーリアの連中はおそろしく「非音楽的」であったことを断っておきたい。彼らにとって、学生歌は、あくまでも酒をより楽しく飲むための一つの触媒なのだ。ここで、学生結社の酒宴などで今でも好んで歌われている歌を二つ紹介しておきたい。

『ガウデアームス・イギトゥアー』（Gaudeamus igitur　作詞：不詳）

1. 我ら楽しまん／我らが若くある間に
憂いなき青春の後に／暗き老年時代の後に
我らは大地へ帰るから

（中略）

5. すべての乙女たちに万歳／我らを活気づけてくれる
すべての女たちに万歳／若き人らよ、愛らしい人よ
善で、勤勉であれ！

『エルゴ・ビバームス：だから飲もう』（Ergo bibamus　一八一〇年、ゲーテ作詞）

2. 優しい娘に出会った時、／心に浮かんだ、エルゴ・ビバームス
そこで親しく近寄るも、娘はこちらに目もくれず、
気を取り直し考えた、ビバームス！
彼女が優しく抱擁接吻《せっぷん》しようと、／君らがそれを逃そうと、
もっと良きことわかるまで、留《とど》まれ

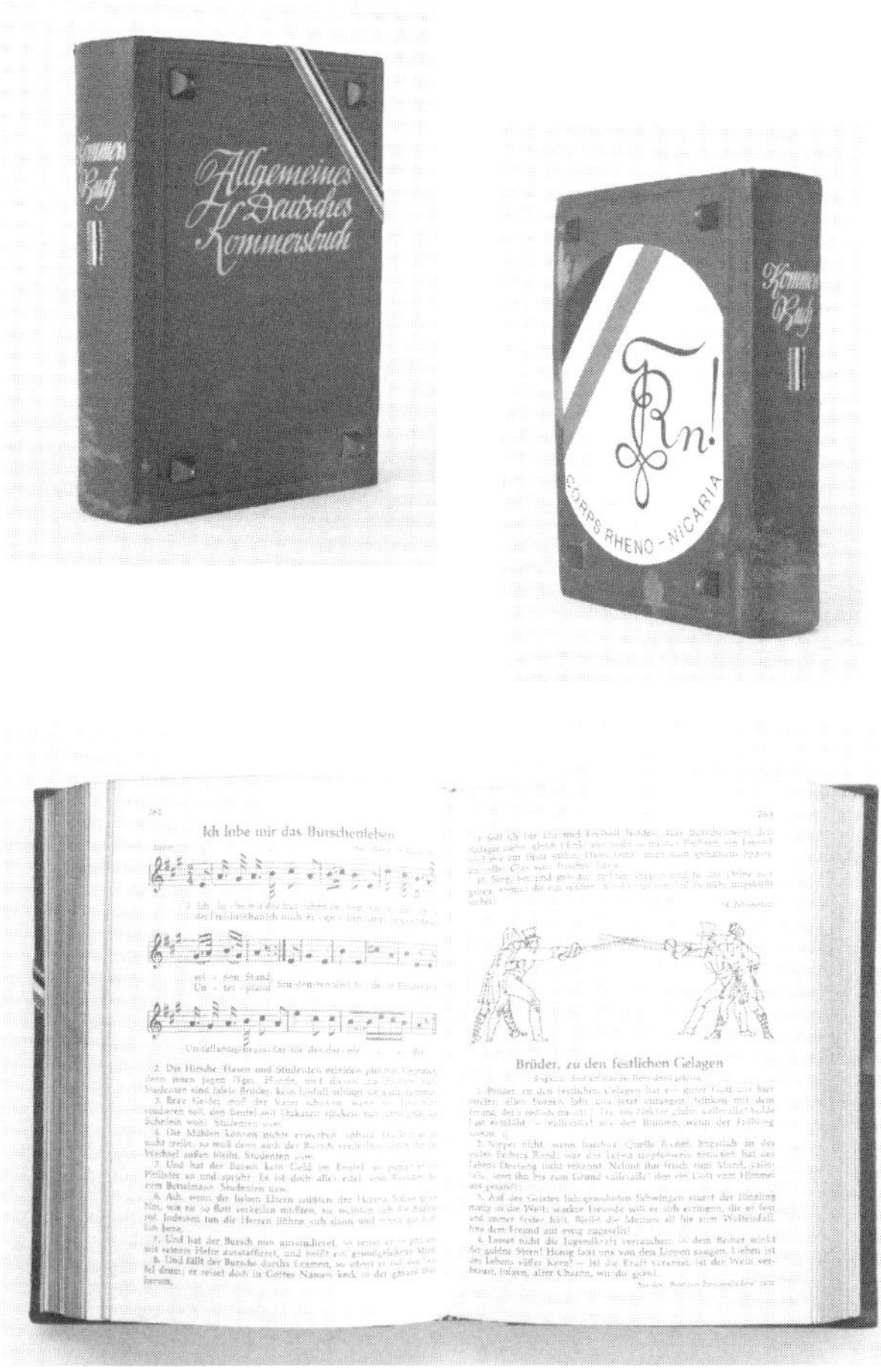

図19　鋲がついた学生歌集

慰めのエルゴ・ビバームスに！

（訳詩は、ライムント・ラング　長友雅美共著『ドイツ学生歌の世界―その言語文化史的断面』より抜粋）

ドイツへの留学前、ドイツはクラシック音楽の国であるから、ドイツ人は皆、歌や演奏にうるさいと私は勝手に思い込んでいた。しかし、この学生結社に入会してすぐに、これがとんでもない誤解であることがわかった。酒宴のたびに会員たちが歌ういくつかの伝統的な学生歌は、歌と呼べるようなものには程遠く、思わず耳を塞ぎたくなるほど甚だしく音程が狂っていた。皆、声だけは大きかったし、元気な歌声であったが、とにかくひどかった。毎回、Kommersbuchと呼ばれる、ビールがこぼれても濡《ぬ》れないように、表紙と裏表紙の八か所に大きな金属の鋲《びょう》のついた分厚い学生歌集（図19）が配られ、それを見ながら歌うのだが……。おまけにいつもピアノの伴奏を買って出たオスカルも、ミスタッチの連続で、どの曲を弾いているのかわからないような始末。それでもみんな真剣に大声を張り上げて歌っていた。私は毎回笑いをこらえるのに必死だった。

三　シンボルカラー

多くの学生結社は、各々の結社のアイデンティティーと独自性を示すためのシンボルカラーを持っている。様々な色のコンビネーションを用いることで、個々の学生結社は、他の結社団体との違いを鮮明にし、自らの結社仲間同士の連帯感とその結社に対する忠誠心をより強固なものにしているのである。このシンボルカラーは、その結社の礼装、装飾品などに用いられているが、そのうちで最も大切なものは、右肩から左わきにまわしてつけるリボン、帽子、そして、ウエストベルトにつける小さな飾りリボンである。この三つが揃ってはじめて正装と呼べるのだ。ちょうど一八三ページの図14に写っているのがシンボルカラーを持つ学生結社団体の正装である。

一般的に、ほとんどの学生結社のシンボルカラーは、均等な幅の三色からなっており、結構複雑な模様や図柄の入った様々な紋章や軍旗とは異なり、いたってシンプルなものだ。各国の国旗と同様に、三色の順番や組み合わせは非常に重要な意味を持っている。よく用いられる色としては、黒、白、赤、緑、青、金、銀などがあげられる。その他にも、深紅色、淡青色、暗青色や、モスグリーン、紫、オレンジなども用いられていることもある。

例えば、我がコーア・レノ・ニカーリアのシンボルカラーは、「黒・白・緑」であるが、黒は「勤勉」を、白は「歓喜」を、また緑は「持続」・「生命」をそれぞれ象徴していると言われている。

四　リボン（Band）

結社の厳粛な行事や酒宴の際に全会員が右肩から左わきに斜めにかけるリボンは、ある学生結社に所属し、その結社の主義や信条を全面的に信奉していることを示す会員共通の印であり、その結社のシンボルカラーを示す一番重要なものと言ってよい。十八世紀後半に登場したこれらのリボンは、元来は剣帯に由来すると言われているが、フリーメーソン的思想およびフランス革命時に使われた三色の肩帯（肩から腰にかけるもの）から直接的影響を受け、今日の学生結社に受け継がれている。リボンは、正会員用のものと新入会員用のものの二種類に分けられる。リボンは通常は、幅二センチ七ミリの絹布でできており、正会員用のものとしては、個々の結社のシンボルカラーである三色を組み合わせたものが圧倒的に多い。リボンの両端は、通常、金色もしくは銀色の金属の糸による縁どりが施されている。これはあくまでも正会員用のもので、新入会員フクスは、まだ一人前ではないので、多くの学生結社では別の色のリボン、通常は二色からなるリボンをつけなければならない。

五　帽子（Mütze）

十九世紀の初めに登場した、個々の学生結社のふちなし（つばのない）帽子は、その結社のシンボルカラーを表すものとして、二番目に大切なアイテムである。図21でわかるように、帽子もまた、全体的に見て、リボンと同様に、その結社の三色のシンボルカラーを用いたものになっている。一番上の頭の部分、真ん中のストライプ、そして、革製の黒いひさしの三つの部分からなっているが、一番上の部分の形状にはいくつものヴァリエーションがあり、時代や地域により様々なふちなし帽が作り出され、現在に至っている。しかし、この部分には、とにかくその結社のシンボルカラーのうちの一色が用いられていることがほとんどである。このタイプの帽子は、青・白・赤からなるフランスの共和主義者たちがかぶっていた帽子に由来すると言われている。これらの帽子の内側の天井の部分には、花押（二四〇ページ以下参照のこと）と

図20　樽形の帽子

決闘の日付を手書きで書き込んだものが多い。

今日の学生結社の多くの会員たちによって好んで使用される帽子にはもう一つある。図20のような、ビールの樽《たる》に由来する「小さな樽」(Tönnchen)、または「豪華な小樽」(Prunktönnchen)と呼ばれる、十九世紀前半に登場した、ひさしのない小さめで円形の平たい帽子である。帽子の縁《へり》には、古代ギリシャで行われた饗宴《きょうえん》のシンボルとされるブドウの葉の冠をあしらった刺繡《ししゅう》が施されており、後頭部の方にかぶるのが特徴的なこの帽子には、やはり全体的に三色のシンボルカラーが用いられている。天井の外側には、リボンの両端を縁どる金

図21　著者の帽子。左は帽子内側の天の部分

属の糸と同じ色、つまり、金色か銀色を用いて、その結社の花押の刺繍が施されている。ビールのジョッキの代わりに何とこの帽子にビールを注いで一気飲みする学生結社の若者を何度か見たことがある。

　歴史的には、このふち（つば）なし帽が学生たちの間で好んでかぶられるようになるのは、十九世紀の初めであり、それ以前は、ふち（つば）のある帽子や、鉄兜《てつかぶと》（ヘルメット）の形をした帽子が学生の間で支配的であったと言われている。古来、騎士や兵士などによって用いられてきた鉄兜は、自分の頭と顔を保護するためだけではなく、多くの戦闘用のヘルメットに取り付けられた角《つの》やこわい顔をした面などの装飾品と同様に、敵を威嚇し、相手に恐怖心を抱かせるためのものでもあった。学生たちが今日でも用いているこれらの帽子もまた、十九世紀の中ごろまでは、丈夫な裏地のついたものがほとんどで、決闘の際に、決闘当事者の顔と頭を保護するためのものでもあり、学生結社に所属する学生の装飾品の一つであると同時に、極めて実用的な側面も併せ持っていたのである。

六　飾りリボン（Zipfel）

飾りリボンは、結社の公式の行事や酒宴などで会員がつける小さな装飾品である。図22の飾りリボンには、幅三センチ長さ八センチくらいの一番大きい「ビールリボン」、幅一センチ長さ六センチくらいの「決闘リボン」、そして、これと同じ大きさの「ワインリボン」の三種類がある。それぞれの結社の三色のシンボルカラーからなる小さなリボンを二枚重ねにし、それにいくつかの金属の留め金を施したもので、それぞれの一番大きな留め金（Schieber）の表側には、結社の紋章つき盾か、花押か、あるいはその両方が描かれている。また裏側には「何年何月何日誰々より贈る」という献呈の辞が刻み込んである。

一番大きめの「ビールリボン」は、新入会員フクスが決闘などの課題をクリアして正会員になる際に、そのフクスの特定の助言者・指導者であり、兄貴分であるライプブルシュからそのフクスに贈られることになっている。裏側には最初の決闘の日付と、「ライプブルシュ誰々よ

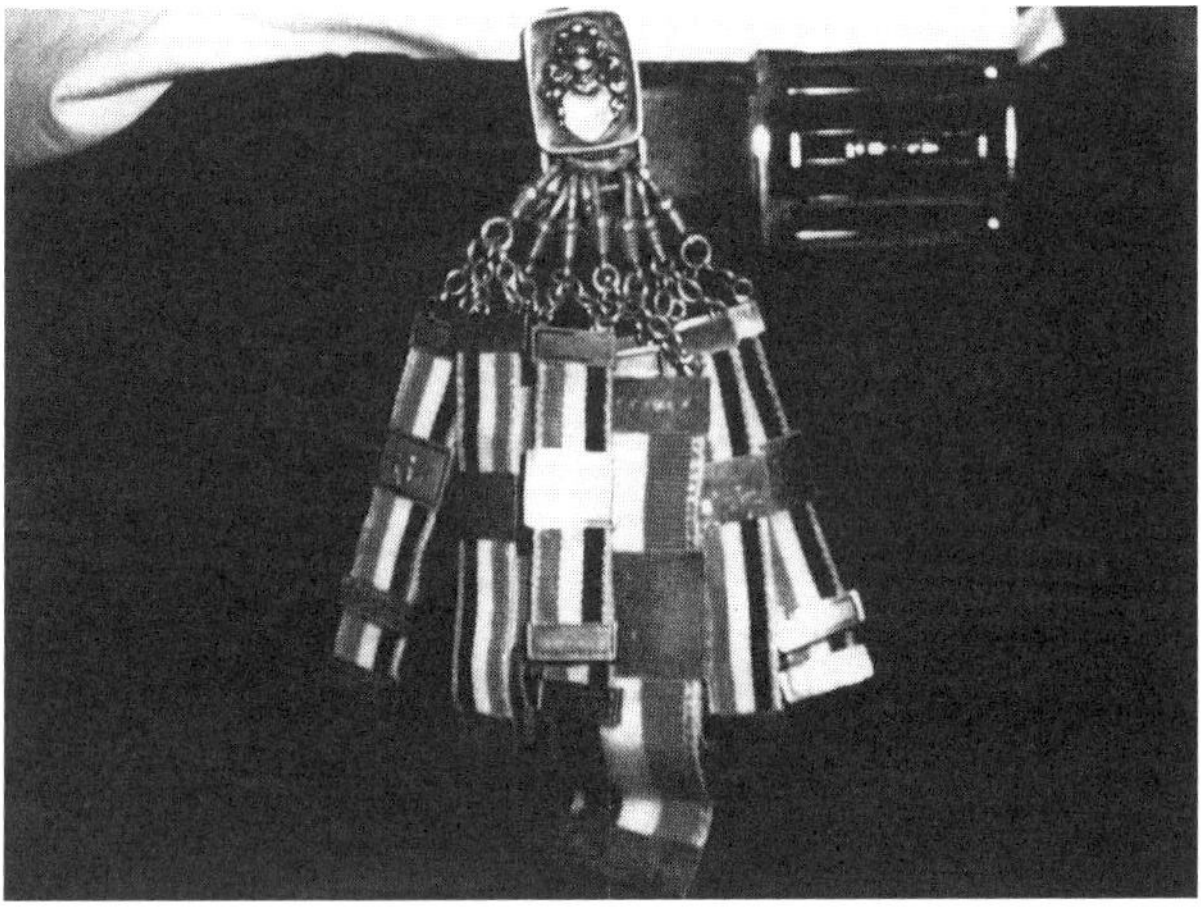

図22　飾りリボン

り」という文字が刻み込まれている。これらの飾りリボンはすべて、短い鎖でリボンホルダーと連結されている。リボンホルダーの裏側にはクリップがついており、これをウエストベルトに装着するのである。

「ワインリボン」は、自分用に購入するのではなくて、結社内の特に親しい会員や、友好的な関係にある他の学生結社の会員と交換する習慣になっている。それ以外にも、他の結社に所属する、自分が決闘をした相手に敬意を表して互いに「決闘リボン」を交換することもある。したがって、リボンホルダーからぶら下がっている飾りリボンは、通常一つではなく、多い場合は二〇本くらいになることもある。

おもしろいのは、これを互いに交換する時の儀式だ。まず、ビールがなみなみと入っているジョッキに相手からもらった飾りリボンを双方が沈ませ、胸の高さのあたりで互いの腕を交差しながら、それを一気飲みする。ビールを飲み干し、最後に互いの口の中にそれぞれの飾りリボンがすぽんと入ったら、この交換の儀式は終わる。

七　花押（Zirkel）

かおう（花押）とは聞きなれない言葉であるが、二四二ページの図23をご覧いただきたい。Aは、ブルシェンシャフトという学生結社の花押であり、彼らの三つのスローガン、Ehre（名誉）の頭文字のE、Freiheit（自由）のF、そして、Vaterland（祖国）の頭文字のVを絡み合わせたものである。花押とは、個々の学生結社の識別文字、目印であり、それぞれの結社のスローガン、もしくは結社の名前の頭文字を絡み合わせた、ある一点から書き出して、途中で線を切らずに一気に書く、いわゆる一筆書きで書かれた組み合わせ文字を指す。その学生結社に所属する会員だけが用いる一種の暗号のようなものだ。したがって、今日活動している学生結社の数だけこの花押が存在するということになる（一二九ページの第三章扉を参照）。Bは、私が所属しているコーア・レノ・ニカーリア（Corps Rheno-Nicaria）の花押である。中央の𝓡の部分は、RhenoのRを、右側の𝓃の部分は、NicariaのNを、そして、一番上の～の部分は、「一つの屋根」を表している。私も、結社の正会員になった当初、何度かこのコーア独自の花押を書く練習をさせられたおかげで、今でもすんなりと書くことができる。

またCは、vivat, crescat, floreat＋団体名～！（～万歳、発展と繁栄あれ！）のそれぞれの頭文字v、c、fを組み合わせた花押である。

どの花押の最後にも感嘆符「！」が書かれてあるが、これが用いられるようになったのは、一八二〇年以降のことである。この感嘆符「！」の意味については次の二つの説がある。

（一）剣を用いた決闘を象徴している。実際、一八二〇年以前では、この感嘆符の代わりに、交差する二本の剣を表す印が用いられていた。

（二）「～万歳！」「～に繁栄あれ！」など、各結社団体のスローガンとして用いられている文の最後に添える感嘆符「！」をそのまま表している。

今日でも、各学生結社団体に所属する会員は、OB会員も含めて、会員の間で交わされる書簡や文書の最後を締めくくる自分たちのサインのあとに必ずこの花押を書き添える。それぞれ

図23　花押

の学生結社団体は、その団体の仲間内でしか理解できないそれぞれ独自の花押をまるで暗号のように書き添えることで、結社内の会員の仲間意識をことさら高めているのだ。

すでに述べた、その結社のシンボルカラーを表すリボンや飾りリボンと並んで、花押はその結社の独自性を内と外に向かって示す重要なものであり、その証拠に、それぞれの結社のビールジョッキ、帽子、飾りリボン、旗にはすべてこの花押が描かれてある。例えば、すでに以前から観光名所の一つとなっているハイデルベルクの学生牢《ろう》（派手な喧嘩《けんか》をしたり、酔いにまかせてとんでもないことをしでかしたりした学生が一時的に閉じ込められていた大学独自の昔の牢屋）の壁には、実に様々な花押がたくさん書き込まれているので、興味のある方は是非訪れていただきたい。

八　紋章

学生結社の紋章は、シンボルカラーと花押とともに、個々の結社を象徴するものであるが、紋章学的な意味での、国家や地方自治体、貴族の家系などの紋章とは、いくつかの点で趣を異にしている。学生結社の紋章のこの特殊な形態は、今日的な意味での最も古い学生結社団体と

図24　紋章

いえるコーア（四二ページ参照のこと）が出現し、発展していった十八世紀の終わりから十九世紀の初めにかけてイェーナで確立したといわれている。つまり、ブルシェンシャフトが創設される少し前である。

　これらの紋章は、それぞれの学生結社のクラブハウスの壁や天井、あるいは、ビールジョッキの陶磁器製のふたのところに描かれている。図24のように、学生結社の紋章には盾が中央にあるものがほとんどで、その盾は、さらに四つか五つのフィールドに分かれ、それぞれに独自の図柄が描かれている。フィールドの一つには、それぞれの学生結社の三色のシンボルカラーが、また別のフィールドには、ライオンや黒鷲《くろわし》、決闘に用いる交差した二本の剣などが描かれ、そして、結社の創立年月日などが記されているものが多い。中には、フリーメーソンから学生結社に受け継がれた、友情と永遠のシンボルをあしらった図柄を用いたものもある。

　盾以外の部分は、紋章学的には、「かぶと飾り＝クレスト」と呼ばれるもので構成され、それぞれの学生結社の三色のシンボルカラーからなるダチョウの羽根を描いたものが一般的である。

「スカル・アンド・ボーンズ」の紋章は、髑髏とその下に交差された骨の絵柄であり、これは、テンプル騎士団の船団がその昔、狙いを定めた船に投降を迫る時の旗印であったと言われている。この点においても、中世ヨーロッパの騎士団、それに由来する石工、そこから派生したフリーメーソン、そして、ドイツの学生結社、その影響のもとでアメリカに設立された学生秘密結社の一つスカル・アンド・ボーンズ……これらすべてが一本の赤い糸で結ばれているということがわかるのである。

主要参考文献リスト

Deacon, Richard: THE CAMBRIDGE APOSTLES. London 1985（橋口稔・訳『ケンブリッジのエリートたち』晶文社　一九八八年）

Eis, Egon: Duell. Geschichte und Geschichten des Zweikampfs. München,Wien, Basel 1971

Elm, Ludwig / Heither, Dietrich / Schäfer, Gerhard（Hrsg.）: Füxe, Burschen, Alte Herren. Studentische Korporationen vom Wartburgfest bis heute. Köln 1992

Frevert, Ute: Ehrenmänner. Das Duell in der bürgerlichen Gesellschaft. München 1991

Golücke, Friedhelm: Kleines Studentenwörterbuch. Köln 2006

Huhle, Henner: Die Entwicklung des Fechtens an deutschen Hochschulen. In: Historia Academica 5, Stuttgart-Möhringen 1965

Krause, Peter: O alte Burschenherrlichkeit. Die Studenten und ihr Brauchtum. Graz, Wien, Köln 1980

Krebs, Felix / Kronauer, Jörg: Studentenverbindungen in Deutschland. Ein kritischer Überblick aus antifaschistischer Sicht. Münster 2010

Kurth, Alexandra: Männer-Bünde-Rituale. Studentenverbindungen seit 1800. Frankfurt 2004

Millegan, Kris / Sutton, Antony: FLESHING OUT SKULL & BONES. 2003（北田浩一・訳『闇の超世界権力スカル&ボーンズ』徳間書店　二〇〇四年）

Möller, Silke: Bier, "Unfug und Duelle"?. Corpsstudentische Erziehung im deutschen Kaiserreich 1871-

1914. München 2004
Robbins, Alexandra: SECRET OF THE TOMB-SKULL AND BONES, THE IVY LEAGUE, AND THE HIDDEN PATHS OF POWER. 2002（太田龍・監訳『スカル&ボーンズ 秘密クラブは権力への通路』成甲書房 二〇〇四年）

池上俊一『図説 騎士の世界』河出書房新社 二〇一二年
潮木守一『アメリカの大学』講談社学術文庫 一九九三年
潮木守一『ドイツの大学』講談社学術文庫 一九九二年
越智道雄『秘密結社—アメリカのエリート結社と陰謀史観の相克—』ビジネス社 二〇〇五年
越智道雄『ブッシュ家とケネディ家』朝日選書 二〇〇三年
越智道雄『ワスプ（WASP）』中公新書 一九九八年
菅野瑞治也『ブルシェンシャフト成立史』春風社 二〇一二年
藤野幸雄『決闘の話』勉誠出版 二〇〇六年
村岡晢『近代ドイツの精神と歴史』創文社 一九八一年
望田幸男『ドイツ・エリート養成の社会史』ミネルヴァ書房 一九九八年
望田幸男・村岡健次（監修） 橋本伸也・藤井泰・渡辺和行・進藤修一・安原義仁『エリート教育』ミネルヴァ書房 二〇〇一年
山内進『決闘裁判』講談社現代新書 二〇〇〇年

山田勝『決闘の社会文化史』北星堂書店　一九九二年
ライムント・ラング、長友雅美『ドイツ学生歌の世界―その言語文化史的断面』シンフォニア　一九九九年

表紙写真／ユニフォトプレス
表デザイン／クリエイティブメッセンジャー
扉デザイン／ＭＯＴＨＥＲ

菅野瑞治也（すがの　みちなり）

富山県生まれ。京都外国語大学教授。文学博士。専門はドイツ文化史、ドイツ文学。ドイツのマンハイム大学留学中に学生結社「コーア・レノ・ニカーリア」の正会員となり、現在はOB会員。著者に、『ブルシェンシャフト成立史　ドイツ「学生結社」の歴史と意義』（春風社）等、その他論文多数。

実録《じつろく》　ドイツで決闘《けっとう》した日本人《にほんじん》

集英社新書〇七一一N

二〇一三年一〇月二二日　第一刷発行
二〇二一年　四　月一七日　第三刷発行

著者……菅野瑞治也《すがのみちなり》
発行者……樋口尚也
発行所……株式会社集英社
東京都千代田区一ツ橋二-五-一〇　郵便番号一〇一-八〇五〇
電話　〇三-三二三〇-六三九一（編集部）
〇三-三二三〇-六〇八〇（読者係）
〇三-三二三〇-六三九三（販売部）書店専用

装幀……新井千佳子（MOTHER）
印刷所……大日本印刷株式会社　凸版印刷株式会社
製本所……加藤製本株式会社

定価はカバーに表示してあります。

ISBN 978-4-08-720711-8 C0239

集英社新書　好評既刊

政治・経済——A

ルポ 戦場出稼ぎ労働者　安田純平
二酸化炭素温暖化説の崩壊　広瀬隆
「戦地」に生きる人々　日本ビジュアル・ジャーナリスト協会編
超マクロ展望 世界経済の真実　水野和夫／萱野稔人
TPP亡国論　中野剛志
日本の1/2革命　池上彰／佐藤賢一
中東民衆革命の真実　田原牧
「原発」国民投票　今井一
文化のための追及権　小川明子
グローバル恐慌の真相　中野剛志／柴山桂太
帝国ホテルの流儀　犬丸一郎
中国経済 あやうい本質　浜矩子
静かなる大恐慌　柴山桂太
闘う区長　保坂展人
対論！ 日本と中国の領土問題　横山宏章／王雲海
戦争の条件　藤原帰一
金融緩和の罠　藻谷浩介／河野龍太郎／小野善康／萱野稔人
バブルの死角 日本人が損するカラクリ　岩本沙弓
TPP 黒い条約　中野剛志・編
はじめての憲法教室　水島朝穂
成長から成熟へ　天野祐吉
資本主義の終焉と歴史の危機　水野和夫
上野千鶴子の選憲論　上野千鶴子
安倍官邸と新聞「二極化する報道」の危機　徳山喜雄
世界を戦争に導くグローバリズム　中野剛志
誰が「知」を独占するのか　福井健策
儲かる農業論 エネルギー兼業農家のすすめ　金子勝／武本俊彦
国家と秘密 隠される公文書　久保亨／瀬畑源
秘密保護法—社会はどう変わるのか　宇都宮健児／堀敏明／足立昌勝／林克明
沈みゆく大国 アメリカ　堤未果
亡国の集団的自衛権　柳澤協二
資本主義の克服「共有論」で社会を変える　金子勝
沈みゆく大国 アメリカ〈逃げ切れ！ 日本の医療〉　堤未果

a pilot of wisdom

「朝日新聞」問題　徳山喜雄
丸山眞男と田中角栄 「戦後民主主義」の逆襲　佐高信／早野透
英語化は愚民化 日本の国力が地に落ちる　施光恒
宇沢弘文のメッセージ　大塚信一
経済的徴兵制　布施祐仁
国家戦略特区の正体 外資に売られる日本　郭洋春
愛国と信仰の構造 全体主義はよみがえるのか　中島岳志／島薗進
イスラームとの講和 文明の共存をめざして　内藤正典／中田考
「憲法改正」の真実　樋口陽一／小林節
世界を動かす巨人たち〈政治家編〉　池上彰
安倍官邸とテレビ　砂川浩慶
普天間・辺野古 歪められた二〇年　宮城大蔵／渡辺豪
イランの野望 浮上する「シーア派大国」　鵜塚健
自民党と創価学会　佐高信
世界「最終」戦争論 近代の終焉を超えて　内田樹／姜尚中
日本会議 戦前回帰への情念　山崎雅弘
不平等をめぐる戦争 グローバル税制は可能か？　上村雄彦

中央銀行は持ちこたえられるか　河村小百合
近代天皇論 ――「神聖」か、「象徴」か　片山杜秀／島薗進
地方議会を再生する　相川俊英
ビッグデータの支配とプライバシー危機　宮下紘
スノーデン 日本への警告　エドワード・スノーデン／青木理 ほか
閉じてゆく帝国と逆説の21世紀経済　水野和夫
新・日米安保論　柳澤協二／伊勢﨑賢治／加藤朗
グローバリズム その先の悲劇に備えよ　中野剛志／柴山桂太
世界を動かす巨人たち〈経済人編〉　池上彰
アジア辺境論 これが日本の生きる道　内田樹／姜尚中
ナチスの「手口」と緊急事態条項　長谷部恭男／石田勇治
改憲的護憲論　松竹伸幸
「在日」を生きる ある詩人の闘争史　金時鐘／佐高信
決断のとき――トモダチ作戦と涙の基金　小泉純一郎／取材・構成 常井健一
公文書問題 日本の「闇」の核心　瀬畑源
大統領を裁く国 アメリカ　矢部武
広告が憲法を殺す日　本間龍／南部義典

哲学・思想——C

a pilot of wisdom

それでも僕は前を向く　大橋巨泉
体を使って心をおさめる　修験道入門　田中利典
百歳の力　篠田桃紅
ブッダをたずねて　仏教二五〇〇年の歴史　立川武蔵
イスラーム　生と死と聖戦　中田　考
「おっぱい」は好きなだけ吸うがいい　加島祥造
アウトサイダーの幸福論　ロバート・ハリス
科学の危機　金森　修
出家的人生のすすめ　佐々木閑
科学者は戦争で何をしたか　益川敏英
悪の力　姜　尚中
生存教室　ディストピアを生き抜くために　内田　樹／光岡英稔
ルバイヤートの謎　ペルシア詩が誘う考古の世界　金子民雄
感情で釣られる人々　なぜ理性は負け続けるのか　堀内進之介
永六輔の伝言　僕が愛した「芸と反骨」　矢崎泰久・編
淡々と生きる　100歳プロゴルファーの人生哲学　内田　棟
若者よ、猛省しなさい　下重暁子

イスラーム入門　文明の共存を考えるための99の扉　中田　考
ダメなときほど「言葉」を磨こう　萩本欽一
ゾーンの入り方　室伏広治
人工知能時代を〈善く生きる〉技術　堀内進之介
究極の選択　桜井章一
母の教え　10年後の『悩む力』　姜　尚中
一神教と戦争　橋爪大三郎／中田　考
善く死ぬための身体論　内田　樹／成瀬雅春
世界が変わる「視点」の見つけ方　佐藤可士和
いま、なぜ魯迅か　佐高　信
人生にとって挫折とは何か　下重暁子
全体主義の克服　マルクス・ガブリエル／中島隆博
悲しみとともにどう生きるか　柳田邦男／若松英輔ほか
原子力の哲学　戸谷洋志
退屈とポスト・トゥルース　マーク・キングウェル／上岡伸雄・訳
「利他」とは何か　伊藤亜紗・編
はじめての動物倫理学　田上孝一